Sabine Schuler (Hrsg.)

Mein Adventsbuch

Sabine Schuler (Hrsg.)

Mein
Adventsbuch

RAVENSBURGER BUCHVERLAG

Mit Bildern von Christine Georg

Als Ravensburger Taschenbuch
Band 2038
erschienen 1996
Erstmals in den Ravensburger
Taschenbüchern erschienen 1993
(als MET 6102)
© 1993 Ravensburger Buchverlag

Quellennachweis: siehe S. 127

Umschlagillustration: Christine Georg

 RTB-Reihenkonzeption:
Heinrich Paravicini, Jens Schmidt

**Alle Rechte dieser Ausgabe
vorbehalten durch
Ravensburger Buchverlag**

**Gesamtherstellung: Appl, Wemding
Printed in Germany**

6 5 4 3 2 1   01 00 99 98 97 96

ISBN 3-473-52038-1

VORLESEBUCH

INHALT

Vorwort

„Wir sagen euch an den lieben Advent" singen Kinder und Erwachsene, wenn die erste Kerze am Adventskranz angezündet wird und die Zeit der Vorfreude und des Wartens auf Weihnachten beginnt.

Die Adventszeit ist eine ganz besondere Zeit im Jahr. In der Erinnerung der Erwachsenen verbindet sie sich mit Kerzenglanz, Plätzchenduft, geheimnisvollen Vorbereitungen und gemeinsamem Erzählen und Singen vor dem Adventskranz. In der heutigen Zeit, die in vielen Bereichen von Hektik und Unruhe geprägt ist, scheint es nicht immer einfach zu sein, zu Hause, in der Familie zur Besinnung zu kommen, Ruhe einkehren zu lassen. Kinder freuen sich besonders, wenn die Eltern gemeinsam mit ihnen basteln und Plätzchen backen, singen und Geschichten erzählen. So kann in der Adventszeit etwas von dem spürbar gemacht werden, was das Zusammenleben, gerade auch in der Familie, ausmacht: füreinander da zu sein, Zeit füreinander zu haben und sich voller Vorfreude und Fröhlichkeit auf ein Fest einzustimmen, das in ganz besonderem Maße ein „Fest der Kinder" ist.

„Alle Jahre wieder kommt das Christuskind" – in diesem und vielen anderen Adventsliedern und -gedichten kommt zum Ausdruck, wie sehr sich alle auf Weihnachten freuen und wie diese Freude die Adventszeit prägt. Die Zeit vor Weihnachten hält für Kinder auch noch andere Freuden und Überraschungen bereit: Der erste Schnee wird mit Jubel begrüßt; der Nikolaus kommt und beschenkt die Kinder; auf dem Weihnachtsmarkt kann man die herrlichsten Dinge bestaunen und kosten; beim „Wichteln" im Kindergarten und in der Schule erfahren Kinder, wieviel Freude es macht, andere zu beschenken.

So sind die Wochen vor Weihnachten von einem besonderen Zauber erfüllt. Dies spiegelt sich auch in den Geschichten, Gedichten und Liedern dieses Buches wider: Da wird erzählt vom alten Brauch der Barbarazweige, die am 4. Dezember ins Zimmer geholt werden und uns an Weihnachten mit ihren Blüten erfreuen. Knecht Ruprecht und der Nikolaus sind unterwegs, ebenso wie der kleine Zauberer, der kleine Straßenkehrer und der Bäckerengel. Schnüpperle backt Pfefferkuchen und schaut sich in der Schule voller Begeisterung das Krippenspiel an, Bumfidel geht zum dreizehnten Mal auf den Weihnachtsmarkt und möchte sich einfach nur freuen, und Maren versüßt sich die Wartezeit bis Weihnachten auf besondere Art und Weise. Allen gemeinsam ist die Freude auf Weihnachten, die in diesem Buch zum Ausdruck kommt und beim Vorlesen und Zuhören bei groß und klein spürbar wird!

Sabine Schuler

Maria Ferschl | **Wir sagen euch an den lieben Advent**

1. Wir sagen euch an den lieben Advent.
   Wir sagen euch an eine heilige Zeit.
   Sehet, die erste Kerze brennt!
   Machet dem Herrn die Wege bereit!
   Freut euch, ihr Christen, freuet euch sehr!
   Schon ist nahe der Herr!

2. Wir sagen euch an den lieben Advent.
Sehet, die zweite Kerze brennt.
So nehmet euch eins um das andere an,
wie auch der Herr an uns getan!
Freut euch, ihr Christen ...

3. Wir sagen euch an den lieben Advent.
Sehet, die dritte Kerze brennt.
Nun tragt eurer Güte hellen Schein
weit in die dunkle Welt hinein.
Freut euch, ihr Christen ...

4. Wir sagen euch an den lieben Advent.
Sehet, die vierte Kerze brennt.
Gott selber wird kommen, er zögert nicht.
Auf, auf, ihr Herzen, und werdet licht.
Freut euch, ihr Christen ...

Melodie: Heinrich Rohr

Rolf Krenzer | # Tage, süß wie Marmelade

Seit der Adventskalender an der Wand hängt und jeden
Tag ein Türchen geöffnet werden darf, hält es die kleine
Maren fast nicht mehr aus. Jeden Tag fragt sie einmal,
zweimal und mehr: „Wann ist endlich Weihnachten?"
„Noch vierundzwanzig Tage!" hat Papa zuerst gesagt.
Aber Maren weiß doch nicht, wie lange vierundzwanzig
Tage sind.
Da hat Papa ihre beiden Hände genommen und jeden
Finger einmal ganz leicht hochgeschnipst. „Das sind
zehn Tage!" hat er gesagt. „Schau: eins, zwei, drei, vier,
fünf Finger an der einen Hand und noch fünf Finger an
der anderen!"
Maren kann nicht so weit zählen wie Papa.
„Und meine beiden Hände auch noch dazu!" hat Papa
gesagt und seine beiden Hände hochgehoben. „Das sind
zwanzig Tage!"
Und dann mußte Mama noch kommen und vier Finger
von ihrer Hand auch noch dazuhalten.
„Das sind vierundzwanzig Tage!" hat Papa gesagt. „So
lange dauert es noch!"
Maren hat Mamas und Papas Finger gesehen und dann
noch ihre eigenen Finger. Es waren so viele. Viel zu
viele! Da hat sie ganz tief geseufzt und gewußt, daß es
noch sehr, sehr lange dauern wird.

13

Aber nach ein paar Tagen brauchte Mama ihre Finger gar nicht mehr dazuhalten. Und dann brauchte Papa auch nur noch eine Hand.

Aber es war immer noch lang, sehr lang bis Weihnachten.

Als dann Papa seine Hände nur noch brauchte, um an Marens Fingern die Tage abzuzählen, da waren sie schon recht nah an Weihnachten dran.

Doch Maren dauerte es noch viel zu lange.

„Die letzten Tage dauern am längsten!" sagte Papa und nahm Maren auf seinen Schoß. „Das ist nun leider einmal so!"

Er zählte noch einmal die Tage an Marens Fingern ab, aber es wurden nicht weniger.

„Du mußt jeden Tag auskosten!" meinte Mama. „Dann ist jeder Tag ganz besonders schön!"

„Wie macht man das? Auskosten?" fragte Maren.

„Ganz einfach!" lachte Mama. „Man muß sich ganz doll über jeden Tag freuen. Und dann schmeckt der Tag so gut wie Erdbeereis!"

„Oder Himbeermarmelade!" sagte Maren.

„Genauso ist es!" sagte Mama und holte das Glas mit der Himbeermarmelade, die Maren so gern aß. Und Maren durfte einen Finger nach dem anderen in die Marmelade stecken und ablecken. Zehn Tage waren es noch bis Weihnachten, und zehnmal durfte Maren Himbeermarmelade kosten.

„Schade!" sagte Papa. „Morgen sind es nur noch neun Tage! Ein Finger weniger!"

„Morgen ist Erdbeermarmeladetag!" lachte Mama.

„Und dann?" fragte Maren.

„Vielleicht Honigtag oder Heidelbeermarmeladetag!"

„Und ich darf morgen wieder mit allen Fingern kosten?" fragte Maren und begann sich schon ein bißchen auf morgen zu freuen.

„Nur noch mit neun Fingern!" sagte Mama. „Jeden Tag ein Finger weniger!"

„Und wenn alle Finger weg sind?" fragte Maren. „Dann nehmen wir den kleinen Löffel!"

Doch da schüttelte Mama lachend den Kopf.

„Dann ist endlich Weihnachten!" sagte sie. Und Papa nickte.

Hanna Hanisch | **Ein Schneemann** für **Isabell**

Isabell wünschte sich einen Schneemann.

Du liebe Zeit! Dieser Wunsch war schwer zu erfüllen. Denn in dem Land, in dem Isabell wohnte, fiel niemals Schnee.

Trotzdem wünschte sich Isabell einen Schneemann. Es war ihr einziger Geburtstagswunsch.

Der Vater überlegte, wie er das machen sollte. Vielleicht gab es Schneemänner aus Pappe? Oder aus Watte? Nein, das hätte Isabell gemerkt. Schneemänner müssen kalt sein. Und sie müssen eine Mohrrübennase haben und einen Bratpfannenhut.

Da schrieb Isabells Vater eine Bestellung an das Versandhaus **Nägeli** in der Schweizer Stadt Bern:

Schickt mit Eilpost einen **Schneemann** mit Nase und Hut für meine Tochter Isabell.

Die Leute von der Firma **Nägeli** machten sich gleich an die Arbeit.

Sie holten Schnee vom Oberland und bauten einen dicken Schneemann mit langer Mohrrübennase und einem Bratpfannenhut. Sie steckten den Schneemann in eine Kühltruhe und schickten ihn mit dem Flugzeug zu Isabell.

16

Auf dem Flugplatz warteten viele Leute. Sie hatten gehört, es würde eine berühmte Person ankommen.

„Was kommt denn für einer?" fragten die Leute. „Ein Schlagersänger? Ein Fußballspieler? Oder ein Präsident?"

Sie waren sehr neugierig. Aber noch neugieriger war Isabell.

Dann hörte man das Flugzeug brummen. Es landete. Die Kühltruhe wurde aus dem Flugzeug getragen. Alle konnten es sehen: Zwei Männer öffneten den Deckel, und ein Schneemann schaute heraus.

Sie stellten ihn auf die Beine. Sie drückten ihm die Nase fest. Sie rückten ihm den Hut zurecht. So brachten sie ihn zu Isabell: ganz frisch, ganz weiß, ganz kalt.

Isabell strahlte vor Freude. Sie gab dem Schneemann die Hand. Da merkte sie, wie kalt er war. Die Leute staunten. „Ah!" riefen sie und „Oh!" und „Bravo!"

So etwas hatten sie noch nicht gesehen. Sie drängten sich um den Schneemann. Jeder wollte ihm die Hand geben.

Isabell war sehr stolz. Sie wollte ihn mit nach Hause nehmen und auf den Geburtstagstisch stellen. Aber vom vielen Händeschütteln und weil es in Isabells Land so warm war, wurde der Schneemann weich. Er sackte in den Knien zusammen, wurde immer kleiner. Zuletzt blieben nur die Mohrrübe und die Bratpfanne übrig und – das hätte ich beinahe vergessen – die beiden Kastanienaugen.

War Isabell jetzt traurig?

Überhaupt nicht.

Sie hatte einem echten Schneemann die Hand gegeben, und all die anderen Leute hatten es auch getan. Sie hatte gefühlt, wie kalt er war. Sie hatte gesehen, wie gut ihm die Mohrrübennase und der Bratpfannenhut standen.

Nun war er verschwunden. War nur noch eine Pfütze. In der Pfütze spiegelte sich die Sonne. Na, wenn schon! Schlagersänger, Fußballspieler und Präsidenten waren schon oft angekommen. Aber ein Schneemann noch nie.

Rolf Krenzer | **Barbarazweige**

„Kommst du mit in den Garten?" fragt Vati und zieht seine dicke Winterjacke an.

„Jetzt?" Jule wundert sich. „Mitten im Winter!"

Vati stellt die große Vase, in der im Frühling die Tulpen stehen, auf den Tisch im Wohnzimmer.

„Es gibt doch jetzt keine Blumen im Garten!" sagt Jule und schüttelt den Kopf.

„Komm einfach mal mit!" lacht Vati und hält Jule ihre Jacke so hin, daß sie ganz bequem hineinschlüpfen kann.

Sie müssen durch den Keller gehen, weil Vati unbedingt noch die Rosenschere braucht, die dort im Regal liegt.

„Im Winter gibt es doch keine Rosen!" Jule lacht laut.

Doch Vati nimmt die Rosenschere, öffnet die Kellertür und geht schnurstracks in den Garten hinein. „Komm!" sagt er drängend, als er sieht, daß Jule unschlüssig in der Kellertür stehenbleibt. „Du kannst mir helfen!"

Als es warm war und die Rosen im Garten blühten, da durfte Jule keine Rose abschneiden. Nicht eine einzige. Und die Rosenschere durfte sie nicht einmal in die Hand nehmen.

Aber jetzt steht Vati unter dem Apfelbaum und hält Jule doch wirklich die Rosenschere hin. Kein einziges Blatt ist mehr am Baum. Trostlos steht er da mit seinen nackten Ästen und Zweigen.

19

Vati greift nach einem Zweig, der über den Zaun zum Nachbarn hin gewachsen ist, und hält ihn ganz behutsam vor Jule hin. „Du mußt ganz fest drücken!" sagt er und zeigt Jule, wo sie den Zweig mit der Rosenschere abschneiden soll.

Jule gibt sich große Mühe. Sie muß fest drücken, und das ist gar nicht so leicht. Aber sie schafft es.

„Den auch noch!" meint Vati und hält noch einen Zweig so hin, daß Jule wieder mit der Rosenschere schneiden kann. Der Zweig ist etwas dünner. Da geht es gleich viel leichter.

„Noch einen?" fragt Jule und schaut hoch in den kahlen Apfelbaum hinein.

Doch Vati schüttelt den Kopf. „Zwei reichen!"

Er nimmt Jule die Rosenschere aus der Hand und hebt die beiden Zweige auf. Jule darf sie ins Haus tragen.

„Es sind aber keine Rosen!" sagt sie. „Nicht einmal richtige Blumen!"

„Es sind Barbarazweige!" lacht Papa. „Und Weihnachten werden sie blühen!"

Noch nie im Leben hatte Jule so etwas gehört. Aber sie hilft doch, die Vase auf dem Tisch mit Wasser zu füllen, und dann darf sie die beiden Zweige hineinstellen. Das Wasser ist ein bißchen warm.

„Siehst du, die Sonne scheint auch im Winter in unser

Zimmer hinein!" sagt Vati und stellt die Vase mit den Zweigen genau dorthin, wo sie von den Sonnenstrahlen erreicht werden kann. „Und jetzt müssen wir warten!" sagt er dann.

„Wie lange?" fragt Jule .

„Bis Weihnachten!" antwortet Vati. „Dann werden sie blühen!"

Seltsam ist das schon mit diesen Barbarazweigen. Jule wartet von einem Tag zum anderen. Jeden Morgen schaut sie nach. Doch da tut sich nichts.

„Wir müssen noch warten!" sagt Vati nur.

Aber dann sind plötzlich kleine Knospen da, die Jule vorher noch nicht bemerkt hat. Und winzige Blättchen kommen heraus, frisch und grün.

Die Knospen werden größer und größer.

Und dann, als Vati den Zweigen frisches Wasser gibt, freut er sich so, daß er ganz laut nach Jule ruft.

Die Knospen sind aufgesprungen und haben sich weit geöffnet. Da kann Vati Jule die winzigen Blüten zeigen, die wie in einem Bettchen in der Knospe liegen.

„Wenn Weihnachten ist …" sagt Jule.

„Hmhm!" Vati nickt. „Paß auf, dann werden sie richtig blühen!"

Blumen mitten im Winter! Blüten an den Barbarazwei-gen. Da hat Jule noch einen Grund mehr, um sich auf Weihnachten zu freuen.

Josef Guggenmos | **Am 4. Dezember**

Geh in den Garten
am Barbaratag.
Gehe zum kahlen
Kirschbaum und sag:

Kurz ist der Tag,
grau ist die Zeit.
Der Winter beginnt,
der Frühling ist weit.

Doch in drei Wochen,
da wird es geschehn:
Wir feiern ein Fest,
wie der Frühling so schön.

Baum, einen Zweig
gib du mir von dir.
Ist er auch kahl,
ich nehm ihn mit mir.

Und er wird blühen
in leuchtender Pracht
mitten im Winter
in der Heiligen Nacht.

Lisa Wenger | Der Esel des Sankt Nikolaus

Als der Winter wieder einmal gekommen war, der Schnee in dicken Flocken zur Erde fiel und die Weihnachtszeit nahte, kam Sankt Nikolaus in den Stall, in dem sein Eselchen stand, klopfte ihm auf den glatten Rücken und sagte: „Nun, mein Graues, wollen wir uns wieder auf die Reise machen?" Der Esel stampfte lustig mit den Füßen und wieherte leise.

So zogen sie denn zusammen aus, der Esel hochbepackt mit Säcken, Sankt Nikolaus in seinem dicken Schneemantel, mit hohen Stiefeln und großen Pelzhandschuhen. Wie sie so durch den Wald zogen, knirschte der Schnee unter ihren Füßen, und ihr Atem flog in großen Wolken um sie herum; aber Sankt Nikolaus lachte doch mit seinen fröhlichen alten Augen in die Welt hinein, und das Eselchen schüttelte sich vor Vergnügen, so daß die silbernen Glöcklein weit über das Feld klangen.

Im nächsten Dorf kehrten sie ein; denn sie waren beide hungrig. Sankt Nikolaus stellte sein Eselchen in den Stall und setzte sich selbst in die warme Stube zu einem Teller Suppe. Im Stall standen ein paar Pferde; auch ein Esel war unter ihnen, und gerade neben diesen – es war ein großer Mülleresel – kam unser Eselchen zu stehen.

„Was bist denn du für ein Kauz?" fragte der große Esel verächtlich.

„Ich bin der Esel des Sankt Nikolaus", antwortete stolz unser Grauer.

„So", höhnte der Mülleresel, „da bist du auch etwas Rechtes! Immer hinter dem Alten herlaufen; im Schnee stehen vor den Häusern; fast erfrieren und verhungern, ehe du wieder in deinen Stall kommst; keinen rechten Lohn; immer das gleiche Futter, jahraus, jahrein; ich würde mir so etwas nicht gefallen lassen."

„Ja, hast du es denn besser?" fragte das Eselchen; „du mußt doch auch Säcke tragen, oder nicht?"

„Natürlich", prahlte der Esel, „aber nur, wenn es mir paßt! Und zwischendurch laufe ich herum und gehe, wohin ich will! Habe ich Hunger, so komme ich heim und fresse, aber nicht nur dein lumpiges Heu, nein, Hafer, soviel es mir beliebt, und Brot und Zucker bringt man mir."

Das Eselchen glaubte dem Aufschneider alles; denn beim Sankt Nikolaus hatte es natürlich nicht lügen gelernt. Solch ein Leben schien ihm beneidenswert; denn Hafer, Brot und Zucker bekam es nur selten.

„Es war natürlich nicht immer so", fuhr der Mülleresel fort, „aber einmal lief ich einfach davon und kam acht Tage nicht wieder heim. Seither lassen sie mich machen, was ich will. Weißt du was, lauf deinem Alten auch einmal davon und laß ihn seine Säcke allein schleppen! Du sollst sehen, wie es nachher anders wird! Lauf, lauf, die Tür ist eben offen, und du bist nicht angebunden!"

Das Eselchen, das wirklich ein rechtes Eselchen war, wurde ganz verwirrt im Kopf von all dem Neuen, und da ihm der große Esel Achtung einflößte und man auf das Böse viel leichter hört als auf das Gute, besann es sich nicht lange und ging wirklich zur Tür hinaus. Dort schüttelte es sich, schlug übermütig aus, daß der Schnee davonstob, und galoppierte zum Hof hinaus, über die Straße, durch den Kartoffelacker, und lief in den Wald. Dort sprang es hin und her, rannte mit den Hasen um die Wette, spielte mit den Hirschen und Rehlein und machte hohe Sprünge, um den Schnee abzuschütteln, der von den Tannen auf seinen Rücken fiel.

Das Eselchen wurde schließlich müde und auch hungrig. Es lief auf eine große Wiese, um etwas Eßbares zu suchen. Der Schnee aber war sehr hoch und hart gefroren, und das Eselchen fand nicht das kleinste Kräutlein. Als es weiterlief, sah es am Ende der Wiese, hart am Waldesrand, ein altes Mütterchen gehen, das auf seinem Rücken eine große Bürde Holz schleppte. Mühsam und langsam ging es vorwärts und atmete schwer.

Das Eselchen, das im Grunde ein gar liebes Eselchen war und bei Sankt Nikolaus nur Gutes gelernt hatte, ging ganz nahe zu dem Mütterchen hin und blieb vor ihm stehen, senkte auch seinen Kopf und sah mit seinen klugen Augen die alte Frau so aufmunternd an, daß diese das Tier wohl verstand. Sogleich lud sie ihm ihr Holz auf den Rücken, tätschelte ihm den Hals und machte:

„Hö!", und das Eselchen trottete sanft hinter dem Mütterchen her, bis sie das kleine Haus erreicht hatten, weit
draußen vor dem Dorf.

Kaum war das Holz abgeladen, kamen die Enkelkinder
der Alten, sprangen um den Esel herum und schrien:
„Ach, laß mich reiten, laß mich reiten!"

Das Eselchen, das von Sankt Nikolaus gelernt hatte, die
Kinder liebzuhaben, ließ sie reiten. Erst die Mädchen,
dann die Buben, dann wieder die Mädchen und wieder
die Buben; zuletzt saßen zwei auf, ritten gegen das Dorf,
schrien hü und hott und schwangen ihre Mützen. Vor
dem Dorf warf sie das Eselchen ab, und es gab ein
großes Gelächter und Geschrei. Darauf sprangen die
Kinder heim; das Eselchen lief weiter und wußte nicht
recht, wohin es gehen sollte. Es war schon müde, und
Hunger und Durst hatte es auch. Langsam lief es in den
Wald zurück und dachte an seinen warmen Stall, an das
viele Heu, das es immer bekam, und an den guten Sankt
Nikolaus, der ihm beim Fressen jedesmal über den
Rücken strich.

Traurig stapfte das Eselchen vorwärts; hie und da fiel
ein Tannenzapfen herunter, oder es krachte ein dürrer
Ast; aber sonst war alles still. Die Dämmerung kam,
und dem Eselchen wurde es unheimlich. Wenn es nur
den Weg gewußt hätte! Wenn es doch nur wieder
daheim wäre, dachte es betrübt und senkte den Kopf
tief, tief herunter.

Nachdem der gute Sankt Nikolaus seine Suppe gegessen hatte, ging er in den Stall, um das Eselchen herauszuholen. Aber da war kein Eselchen mehr! Er suchte es überall und fragte alle Leute, ob sie sein Eselchen nicht gesehen hätten; aber niemand hatte es gesehen. Da kam er auf die Straße und sah im Kartoffelacker Spuren von kleinen Hufen. Er ging den Spuren nach, und richtig, als Sankt Nikolaus den Hügel hinter dem Dorf hinanstieg, sah er das Eselchen ganz traurig stehen. Es war so müde, daß es nicht einmal den Kopf wandte, als es Schritte hörte.

„Graues!" rief Sankt Nikolaus.

Potztausend, was machte es da für einen Sprung, und wie lief es hin zu Sankt Nikolaus, den es, obwohl es ganz dunkel war, gleich erkannte. Es wieherte vor Freude, schmiegte sich dicht an ihn und rieb seinen Kopf an dem weichen, wohlbekannten Pelzmantel.

„Aber Graues", sagte Sankt Nikolaus, „was machst du für Sachen!" Da schämte sich das Eselchen ganz gewaltig.

Sankt Nikolaus nahm es am Zaum; die beiden guten Freunde trotteten durch den Schnee zur nächsten Herberge, und als das Eselchen auf sauberem Stroh im Stalle stand, das duftende Heu vor sich, und Sankt Nikolaus es hinter den Ohren kraulte, da dachte es bei sich: Diesmal bist du aber ein wirklicher Esel gewesen!

Laßt uns froh und munter sein

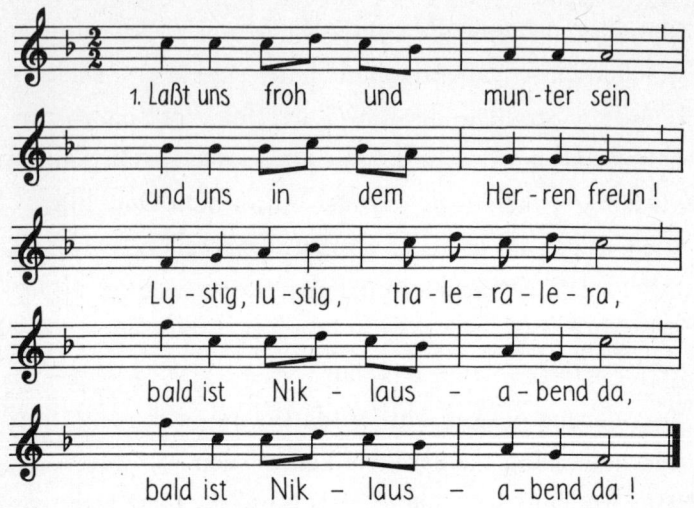

1. Laßt uns froh und mun-ter sein
und uns in dem Her-ren freun!
Lu-stig, lu-stig, tra-le-ra-le-ra,
bald ist Nik-laus – a-bend da,
bald ist Nik-laus – a-bend da!

2. Dann stell ich den Teller auf,
Niklaus legt gewiß was drauf!
Lustig, lustig, traleralera,
bald ist Niklausabend da!

3. Wenn ich schlaf, dann träume ich:
Jetzt bringt Niklaus was für mich.
Lustig, lustig, traleralera,
heut ist Niklausabend da!

4. Wenn ich aufgestanden bin,
lauf ich schnell zum Teller hin.
Lustig, lustig, traleralera,
nun war Niklausabend da!

5. Niklaus ist ein guter Mann,
dem man nicht g'nug danken kann.
Lustig, lustig, traleralera,
nun war Niklausabend da!

Rolf Krenzer | # Warum der Nikolaus jedes Jahr zu uns kommt

Es waren einmal drei Kinder, die waren arm. Zusammen mit ihren Eltern lebten sie recht und schlecht in einem Häuschen in einer großen Stadt. Als aber ihre Mutter gestorben war und danach der Vater so krank wurde, daß er im Bett bleiben mußte und nicht mehr arbeiten und Geld verdienen konnte, da hatten sie nichts mehr zu essen und nichts mehr, was sie draußen anziehen konnten. Dabei war es Winter und bitter kalt geworden. „Lieber Gott, hilf uns!" beteten sie wie immer an einem Abend zusammen mit ihrem Vater, als sie hungrig zu Bett gingen.

Spät am Abend hörten sie ein seltsames Geräusch vor der Tür. Und als sie hinausliefen, stand vor der Tür ein riesiger Sack, prall gefüllt bis oben hin. Gemeinsam trugen sie den Sack hinein und öffneten ihn. Wie freuten sie sich, als sie in dem Sack Brot entdeckten. Dazu soviel Mehl, daß sie in der nächsten Zeit noch Brot daraus backen konnten. Da brauchten sie nicht mehr zu hungern. Sie aßen sich alle rundherum satt, und es reichte noch viele Tage lang.

„Wer hat uns das nur geschenkt?" fragten sie sich und wußten keine Antwort. So dankten sie Gott und schliefen in dieser Nacht satt und zufrieden ein.

Am nächsten Abend aber, als die Kinder gerade eingeschlafen waren, wurden sie wieder von einem Geräusch vor der Tür geweckt. Und als sie hinausliefen, stand vor der Tür wieder ein riesiger Sack, prall gefüllt bis oben hin. Als sie den Sack drinnen öffneten, fanden die Kinder Jacken und Pullover darin, Mützen und Hemden.

Sie probierten die Kleidung an, und jeder fand etwas, was ihm paßte. Sogar für den Vater war etwas dabei. Da brauchte keiner mehr zu frieren.

„Wer hat uns das alles geschenkt?" fragten die Kinder.

„Vielleicht der Bischof Nikolaus!" sagte ihr Vater leise. „Man erzählt sich so viel Gutes von ihm. Er hat schon vielen armen Leuten geholfen!"

Die Kinder wußten, wer der Bischof Nikolaus war. Sie hatten ihn schon manchmal gesehen, wenn er durch die Stadt ging. Sie hätten aber niemals daran gedacht, daß dieser reich und prächtig gekleidete Bischof ihre Not kannte und ihnen helfen würde.

Am nächsten Abend nun nahmen sich die Kinder ganz fest vor, aufzupassen und nicht einzuschlafen. Vielleicht kam der Bischof Nikolaus ja noch einmal zu ihnen.

Dann wollten sie zu ihm laufen und ihm für alles von Herzen danken.

So versuchten nun die Kinder, wach zu bleiben. Sie warteten so lange, bis ihnen am Ende doch die Augen zufielen. Da blieb der Vater allein noch wach. Als es aber immer später wurde, wurde er auch müde.

33

Da hörte er plötzlich ein Geräusch vor der Tür.

Gleich sprang der Vater aus dem Bett und lief so schnell er konnte aus dem Haus hinaus.

Als er auf die Straße kam, war niemand mehr zu sehen. Doch hörte der Vater jemanden mit eiligen Schritten davongehen. Da lief er dem Fremden nach und sah ihn auch bald vor sich. Und wirklich, es war niemand anderes als der Bischof Nikolaus.

„Bleib stehen!" rief der Vater. „Bitte bleib stehen, Bischof Nikolaus, damit ich dir danken kann!"

„Schon gut!" sagte der Bischof freundlich und gab dem Vater die Hand. „Jetzt sieh aber, daß du ganz schnell nach Hause kommst! Es ist bitter kalt, und du willst doch bald wieder gesund werden!" Er nickte dem Vater zu und ging schnell weiter.

Als der Vater zurückkam, da hatten seine Kinder bereits den dritten Sack vor der Tür entdeckt und hineingetragen. Und als sie ihn öffneten, fanden sie Schuhe darin. Schuhe für alle, so daß keiner von ihnen mehr barfuß laufen mußte.

Als sie die Schuhe aber anziehen wollten, wollten sie nicht passen. Und als sie hineinschauten, da fanden sich Äpfel und Spielzeug darin. Ja wirklich, Spielzeug! Wie freuten sich da die Kinder. Weil sie so arm waren, hatten sie noch nie Spielzeug geschenkt bekommen.

34

„Das war der Nikolaus!" erzählte ihnen ihr Vater. „Der Bischof Nikolaus!"

Später wurde der Vater wieder gesund und konnte seinen Kindern genug zu essen und zum Anziehen kaufen. Niemals aber haben alle vergessen, was damals geschah, als sie so arm waren. Und als sie älter wurden und heirateten, da erzählten sie es ihren Kindern. Und ihre Kinder erzählten es weiter, und es erfuhren immer mehr Leute davon. Längst war der Bischof Nikolaus gestorben. Aber die Geschichte von den Säcken und dem Spielzeug und den Äpfeln in den Schuhen, die wurde nie vergessen.

So kommt auch heute der Nikolaus mit seinem Sack zu uns. Und in dem Sack sind Plätzchen, Äpfel und Nüsse. Manchmal gibt es auch etwas zum Spielen. Und daß du am Nikolausabend deine Schuhe vor die Tür stellst, das hat auch etwas mit den Schuhen zu tun, die die Kinder damals im Sack fanden. Und vielleicht legt der Nikolaus auch heute abend etwas für dich hinein.

(Nach einer alten Legende neu erzählt)

Josef Guggenmos | Dich rufen wir,
Sankt Nikolaus!

Dich rufen wir, Sankt Nikolaus!
Auf Erden geht die Not nicht aus.
Du weißt es wie kein anderer.
Geh um,
du gütiger Wanderer!

Geh um, hab auf die Menschen acht.
Geh um. In dunkler, kalter Nacht
sitzt mancher in seinem Jammer.
Hilf du,
wirf Gold in die Kammer!

Du Mann aus Myra, deine Zeit
ist nie vorbei, ist jetzt, ist heut'.
Geh um in viel Gestalten.
Hilf mir,
dein Amt zu verwalten.

Tilde Michels | ## Als die Großmutter mit dem Nikolaus sprach

Ich erzähle eine wahre Geschichte aus meiner Kinder-
zeit; vom Nikolaus und von der Großmutter.

Die Großmutter war klein und zart, und sie kam mir
uralt vor. Das lag nicht an ihren Runzeln oder ihrem
Haar mit den weißen Strähnen. Es waren die Kleider,
die sie trug: immer dunkel und ganz altmodisch
geschnitten. Sie hatte auch stets eine schwarze Schürze
umgebunden, sogar sonntags. Die Schürze vom Sonn-
tag war aus Seide, und sie knisterte.

Jedes Jahr Anfang Dezember kam die Großmutter ange-
reist. Sie blieb den Winter über bei uns in der Stadt.
Wenn Großmutter kam, begann für mich die Weihnachtszeit. An den dämmrigen Winternachmittagen
hockten wir zusammen im Wohnzimmer vor dem
Kachelofen. Der Kachelofen war groß und grün und
gemütlich warm. In den anderen Zimmern standen nur
eiserne Öfen, die wurden nicht immer geheizt.

Der Kachelofen hatte ein Türchen, hinter dem sich eine
Nische mit einer kleinen Eisenplatte befand. Auf dieser
Platte konnten wir Äpfel braten. Während sie schmor-
ten und ihr Duft durchs Zimmer zog, las mir die
Großmutter vor. Wir bastelten auch Weihnachtsge-
schenke zusammen.

Unser Lieblingsspiel aber war: „Wir reisen nach Bethlehem." Das spielten wir jedes Jahr. Es ging über viele Tage, vielleicht sogar Wochen, und hat die ganze Wohnung auf den Kopf gestellt.

Wenn wir die Ausrüstung für die Reise zusammensuchten, war nichts vor uns sicher. Wir brauchten Betttücher für unsere Zelte – denn wo sollten wir auf der langen Reise ins Heilige Land sonst schlafen? Wir brauchten Kisten und Kartons, aus denen wir uns ein Schiff bauen wollten – wie sollten wir sonst das Mittelmeer überqueren? Wir brauchten Stühle und Decken, um Lasttiere zu machen, auf denen wir reiten konnten und die unser Gepäck trugen.

In dieser Zeit vermißte mein Vater ständig etwas: seinen Hammer, die Zange, Nägel oder die Rolle mit dem Bindfaden. Einmal behauptete er, jetzt sei sogar ein Fahrradschlauch verschwunden. Das stimmte. Den brauchten wir nämlich dringend für unseren Wasservorrat. Unser Weg führte ja durch die Wüste, und dort müssen die Reisenden bekanntlich verdursten, wenn sie nicht genug Wasser haben.

Es wurde jedesmal eine lange Fahrt mit vielen Abenteuern. Auf dem Landweg hatten wir Kämpfe mit Räubern und wilden Tieren zu bestehen. Auf dem Meer kamen wir in Stürme, bei denen unser Schiff beinahe unterging. Einmal habe ich die Großmutter gerade noch im letzten Augenblick am Rock festgehalten, sonst wäre sie

über Bord gespült worden. Aber wir kamen jedesmal wohlbehalten in Bethlehem an. Und wie durch ein Wunder immer genau am 24. Dezember!

Auch sonst geschahen geheimnisvolle Dinge, wenn die Großmutter bei uns war. Einmal, als ich ins Bett gehen wollte, fand ich Goldstaub auf meinem Kopfkissen. Goldstaub! Woher kommt denn Goldstaub? Doch nur von einem Engelsflügel! Es mußte also ein Engel über mein Bett geflogen sein. Als ich die Großmutter danach fragte, lächelte sie, aber sie gab keine Antwort. Auch wie die winzige Krippe in der Nußschale zwischen meine Buntstifte geraten war, konnte keiner erklären.

Das Wunderbarste aber war Großmutters Bekanntschaft mit dem heiligen Nikolaus. Sie kannte ihn wirklich. Das weiß ich genau. Ich habe selbst erlebt, wie er mit ihr sprach, damals im Stadtpark.

Ich habe schon gesagt, daß die Großmutter altmodisch war. Aber nicht nur altmodisch in ihrer Kleidung, auch sonst. Sie redete oft von den Zeiten, in denen alles knapp gewesen war, und sie fand, die Leute sollten sparsamer mit dem Geld und den Sachen umgehen. Großmutter tat das. Deshalb wollte sie auch den dürren Ast mitnehmen, der im Stadtpark auf dem Weg lag.

„Der ist noch gut für den Ofen", sagte sie. „Heb ihn bitte auf!"

Aber ich wollte nicht. „Nein!" sagte ich. Und als sie versuchte, den Ast selbst aufzuheben, zog ich sie fort. „Wir schleppen kein Holz nach Hause. Bei uns wird das geliefert." Damals wußte ich nicht, warum ich so patzig mit der Großmutter sprach. Aber jetzt glaube ich, es war wegen der Leute, die vorübergingen. Die sollten nicht denken, wir müßten unser Holz selber sammeln.

Die Großmutter zögerte. Ich merkte ihr an, daß sie nicht wußte, was sie jetzt tun sollte.

Plötzlich stand ein alter Mann vor uns. Wie hergezaubert stand er da. Groß und sehr würdig, mit einem weißen Bart und blitzenden Augen. Der Fremde bückte sich, hob das Holz auf und reichte es der Großmutter.

„Bitte sehr, meine verehrte gnädige Frau", sagte er mit einer leichten Verbeugung. Seine Stimme klang tief und voll.

Mich durchzuckte es, als wäre ein Blitz in mich hineingefahren. Diese Stimme! Diese Augen! Dieser lange weiße Bart! Das konnte nur – das war bestimmt ... Ich wagte nicht weiterzudenken.

„Meine verehrte gnädige Frau", hatte er zur Großmutter gesagt. Er hatte sich vor ihr verbeugt, und die Großmutter hatte ihn angelächelt und ihm gedankt.

Und dann war er verschwunden. Genauso plötzlich, wie er gekommen war.

Auf dem Heimweg brachte ich kein Wort heraus. Ich stolperte über Bordsteine und Kanaldeckel, und in mir war alles durcheinander. – Jetzt hat er's gesehen, dachte ich. Jetzt weiß er, wie ich manchmal bin.

Die Großmutter ging still neben mir her. Der dürre Ast schleifte auf dem Boden. Unter der Haustür hielt ich's nicht mehr aus. Ich drückte mein Gesicht in Großmutters Mantelfalten und heulte los.

Die Großmutter ließ mich heulen. Sie tat nichts, um mich zu trösten, und ich dachte: Jetzt wird sie immer und ewig böse auf mich sein, und dieser ... dieser fremde Mann im Park auch.

Aber dann merkte ich, daß sie sich zu mir herunterbeugte. Ich spürte ihren warmen Atem in meinem Haar, und ich hörte, daß sie ganz leise zu mir sprach. Was sie sagte, verstand ich nicht, weil ich noch immer heftig schluchzen mußte. Ich konnte gar nicht aufhören. Da schob Großmutter mich ein wenig von sich und fragte: „Willst du ihn vielleicht hinauftragen? Er ist mir fast zu schwer."

Ich wußte natürlich sofort, daß sie den Ast meinte, und einen Augenblick hielt ich die Luft an. Dann kramte ich ein Taschentuch hervor und schneuzte die Tränen aus der Nase. „Gib her!" sagte ich, packte den dürren Ast und polterte damit die Treppe hinauf.

Wir warfen ihn gleich in den Kachelofen, und ich hörte, wie er knackte und knisterte.

Ob er weiß, daß ich ihn hochgetragen hab? überlegte ich. Die Großmutter nickte mir zu und lachte. Da wußte ich, daß alles wieder gut war, und ich war sehr zufrieden.

Winfried Wolf | **Der kleine Nikolaus**

Am Nikolausabend sprang plötzlich die Tür auf – ein
sehr, sehr kleiner Nikolaus kam herein!
Er hatte meinen dicken Wintermantel an, den er auf
dem Boden hinter sich herzog. Mein einziger Hut war
ihm über Stirn und Ohren gerutscht. In einer Hand
hielt er einen Müllsack, in der anderen einen alten Rei-
sigbesen.

Der kleine Nikolaus schlurfte auf mich zu – in meinen
Winterstiefeln! -, blieb vor mir stehen und sagte mit
einer tiefen Stimme: „Bist du der Vater von Felix und
Clemens?"
Ich nickte.
„Aha", brummelte der kleine Nikolaus, kramte dann ein
altes Heft aus dem Müllsack und sagte: „Leider, leider
sehe ich da viele große Sünden! Zum Beispiel gibst du
deinen Kindern viel zuwenig Süßigkeiten. Außerdem
schickst du sie zu früh ins Bett, und fernsehen dürfen
sie auch sehr selten. Und was ganz Schlimmes: Du
spielst zuwenig mit ihnen!"
Jetzt machte der kleine Nikolaus den Müllsack auf und
sprach: „Zur Strafe stecke ich dich nun in den Sack!"
Folgsam stieg ich in den Sack, aber er reichte mir nur bis
an die Knie. Der kleine Nikolaus war sprachlos.

43

„Na gut", brummte er dann, „diesmal hast du noch Glück gehabt, doch um die Rute kommst du nicht herum!"

„Nein", schüttelte ich den Kopf, „ich glaube nicht, daß du der richtige Nikolaus bist!"

„Wieso nicht?" fragte er erstaunt.

„Weil der richtige Nikolaus nicht bestraft, sondern lobt und etwas Schönes mitbringt", antwortete ich. „Der wirkliche Nikolaus", erzählte ich, „war nämlich ein sehr guter Mensch. Und weil er besonders die Kinder liebte und sie beschenkte, feiern wir jedes Jahr zu seinem Andenken das Nikolausfest."

„Aber der Nikolaus hat doch eine Rute!" rief der kleine Nikolaus.

„Nein", sagte ich, „der richtige Nikolaus war ein Bischof und trug deswegen immer einen Bischofsstab mit sich. Die Rute haben Väter und Mütter dazuerfunden, die glauben, daß ihre Kinder nur gehorchen, wenn man ihnen angst macht."

„Und der richtige Nikolaus", fragte der kleine Nikolaus, „beschenkt auch die Kinder, die nicht immer so brav waren?"

„Natürlich", erwiderte ich, „schließlich sind die Erwachsenen ja auch nicht immer nur brav."

44 „Und das stimmt wirklich, daß auch die nicht so braven Kinder ein Geschenk bekommen?" wollte der kleine Nikolaus wissen.

„Ja", bestätigte ich, „das ist wahr."

„Also gut", sagte der kleine Nikolaus erleichtert, „ich bin nämlich gar nicht der richtige Nikolaus, ich bin der Clemens. Aber du hast mich nicht erkannt, oder?"

„Nein", wehrte ich ab, „darauf wäre ich nie gekommen, daß du der Clemens bist!"

„Gut", sagte der kleine Nikolaus Clemens, „dann hole ich jetzt schnell den Felix, und dann soll der richtige Nikolaus kommen, ja!"

Theodor Storm | **Knecht** _{Ruprecht}

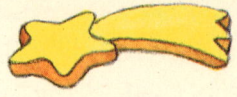

Von drauß, vom Walde komm ich her;
Ich muß euch sagen, es weihnachtet sehr!
Allüberall auf den Tannenspitzen
Sah ich goldene Lichtlein blitzen,
Und droben aus dem Himmelstor
Sah mit großen Augen das Christkind hervor.
Und wie ich so strolcht' durch den finsteren Tann,
Da rief's mich mit heller Stimme an:
„Knecht Ruprecht", rief es, „alter Gesell,
Hebe die Beine und spute dich schnell!
Die Kerzen fangen zu brennen an,
Das Himmelstor ist aufgetan,
Alt und Junge sollen nun
Von der Jagd des Lebens einmal ruhn;
Und morgen flieg' ich hinab zur Erden,
Denn es soll wieder Weihnachten werden!"

Ich sprach: „O lieber Herre Christ,
Meine Reise bald zu Ende ist;
Ich soll nur noch in diese Stadt,
Wo's eitel gute Kinder hat."
„Hast denn das Säcklein auch bei dir?"

Ich sprach: „Das Säcklein, das ist hier;
Denn Äpfel, Nuß und Mandelkern
Essen fromme Kinder gern."
„Hast denn die Rute auch bei dir?"
Ich sprach: „Die Rute, die ist hier;
Doch für die Kinder nur, die schlechten,
Die trifft sie auf den Teil, den rechten."
Christkindlein sprach: „So ist es recht;
So geh mit Gott, mein treuer Knecht!"

Von drauß, vom Walde komm ich her;
Ich muß euch sagen, es weihnachtet sehr!
Nun sprecht, wie ich's hierinnen find'!
Sind's gute Kind', sind's böse Kind'?

Gina Ruck-Pauquèt | **Der kleine Zauberer und die Schneeflocken**

Im Herbst, als die Bäume ihre bunten Blätter an den Wind verschenkten, zauberte sich der kleine Zauberer ein Haus. Hoch oben auf dem Berg stand das Haus, ganz nahe am Himmel.

Und in manchen Nächten setzte sich der Mond aufs Dach und ruhte ein wenig aus. Die Tage vergingen und die Wochen, und der kleine Zauberer war immer allein. Und als der Winter kam und die große Stille, fing er an, sich sehr einsam zu fühlen.

Aber eines Tages begann es zu schneien. Da setzte der kleine Zauberer seine Bommelmütze auf, öffnete das Fenster und schaute den Schneeflocken zu. „Kommt herein", rief er, „ihr sollt meine Gäste sein!"

Aber die Schneeflocken flüsterten: „Das geht nicht. Wenn wir zu dir in die warme Stube kommen, schmelzen wir."

Der kleine Zauberer dachte ein bißchen nach, dann hob er seinen Zauberstab und verwandelte die Schneeflocken in flauschige weiße Kaninchen. Zuerst nur ein paar, aber weil es ihm soviel Spaß machte, zauberte er immer weiter. Die Kaninchen purzelten zum Fenster

herein, und bald war das ganze Haus voll von ihnen.
Auf den Stühlen saßen sie, auf der Bank, rund um den
Ofen, auf dem Tisch und in allen Ecken. Im Wasserei-
mer hockte ein Kaninchen, zwei auf dem Sessel, eines
im Kochtopf, und als der kleine Zauberer schlafen
wollte, lagen fünf Kaninchen im Bett. Da setzte sich der
kleine Zauberer auf den Fußboden und war traurig. Die
Kaninchen aber aßen sein Brot, knabberten alle Äpfel
an, polterten im Küchenschrank herum, packten sich
bei den Pfoten und tanzten über Teller und Tassen. Und
wenn der kleine Zauberer mit ihnen schimpfte, lachten
sie ihn aus.

„Es ist mein Haus!" rief
der kleine Zauberer.
Aber die Kaninchen legten
die Löffel an und stellten
sich taub. Da wurde es dem
kleinen Zauberer zu dumm.
„Hokuspokus Simsalabim",
sagte er, und er verwan-

delte die Kaninchen in weiße Rosen. Und die Rosen
stellte er in seine Blumenvase und freute sich daran.
Den ganzen Winter hindurch haben sie geblüht. Aber
als der Frühling kam, sind sie über Nacht verschwunden. Und das ist ja auch kein Wunder, wenn man
bedenkt, daß die Rosen eigentlich Schneeflocken waren.

49

Fredrik Vahle | Das **Gewicht** der **Schneeflocke**

„Es schneit", sagte der Wolf.

„Was du nicht sagst, Gevatter", brummte der Bär.

„Mehr als tausend Schneeflocken", sagte der Fuchs, „aber auf meinem Pelz spüre ich sie überhaupt nicht!"

„Sie schmelzen auf meiner Hasennase", sagte der Hase, und dann fügte er noch nachdenklich hinzu: „Man spürt sie nicht. Doch sie haben ein Gewicht!"

„Eine Schneeflocke wiegt weniger als nichts", knurrte der Wolf.

„Und sie hat keine Kraft", brummte der Bär.

„Aber sie wiegt doch etwas, und sie hat auch Kraft", sagte der Hase.

Die Tiere gerieten in Streit, ob eine Schneeflocke etwas wiegt oder nicht.

„Wir wollen die Schneeflocken zählen, die da auf den alten, dicken Ast fallen", sagte der Hase. „Da wird man ja sehen, ob eine Schneeflocke Gewicht hat."

Der Bär und der Wolf lachten so laut, daß es durch den ganzen Wald schallte.

Aber weil sie gerade nichts besseres zu tun hatten, zählten sie mit: Eins ... zwei ... drei ... vier ... fünf ... sechs ... sieben ...

Als sie bei zweitausendachthundertsiebenundsechzig

angekommen waren, sagte es plötzlich „Krach", und der dicke, mächtige Ast brach ab.

„Der Hase hat recht", knurrte der Wolf, und sogar der Bär wunderte sich über die Kraft der Schneeflocken.

Otfried Preußler | Die kleine **Hexe** und
der **Maronimann**

Es war Winter geworden. Um das Hexenhaus heulte der
Schneesturm und rüttelte an den Fensterläden. Der
kleinen Hexe machte das wenig aus. Sie saß nun tagaus,
tagein auf der Bank vor dem Kachelofen und wärmte
sich den Rücken. Ihre Füße steckten in dicken Filzpan-
toffeln. Von Zeit zu Zeit klatschte sie in die Hände – und
jedesmal, wenn sie klatschte, sprang eines der Holz-
scheite aus der Kiste neben dem Ofen von selbst in das
Feuerloch. Wenn sie aber gerade Appetit auf Bratäpfel
hatte, so brauchte sie nur mit den Fingern zu schnalzen.
Da kamen sofort ein paar Äpfel aus der Vorratskammer
gerollt und hüpften ins Bratrohr.
Dem Raben Abraxas gefiel das. Er versicherte immer
wieder aufs neue: „So läßt sich der Winter ganz gut
aushalten!"
Aber die kleine Hexe verlor mit der Zeit allen Spaß an
dem faulen Leben. Eines Tages erklärte sie mißmutig:
„Soll ich vielleicht den ganzen Winter lang auf der
Ofenbank sitzen und mir den Rücken wärmen? Ich
brauche mal wieder Bewegung und frische Luft um die
Nase. Komm, laß uns ausreiten!"
„Was!" rief Abraxas entsetzt. „Wofür hältst du mich
eigentlich? Bin ich ein Eisvogel? Nein, diese Lausekälte

53

ist nichts für mich! Besten Dank für die Einladung! Bleiben wir lieber daheim in der warmen Stube!"

Da sagte die kleine Hexe: „Na schön, wie du willst! Von mir aus kannst du zu Hause bleiben, dann reite ich eben allein. Vor der Kälte ist mir nicht bange, ich werde mich warm genug anziehen."

Die kleine Hexe zog sieben Röcke an, immer einen über den anderen. Dann band sie das große wollene Kopftuch um, fuhr in die Winterstiefel und streifte sich zwei Paar Fäustlinge über. So ausgerüstet, schwang sie sich auf den Besen und flitzte zum Schornstein hinaus.

Bitter kalt war es draußen! Die Bäume trugen dicke, weiße Mäntel. Moos und Steine waren unter dem Schnee verschwunden. Hie und da führten Schlittenspuren und Fußstapfen durch den Wald.

Die kleine Hexe lenkte den Besen zum nächsten Dorf. Die Höfe waren tief eingeschneit. Der Kirchturm trug eine Pudelmütze von Schnee. Aus allen Schornsteinen stieg der Rauch auf. Die kleine Hexe hörte im Vorrüberreiten, wie die Bauern und ihre Knechte in den Scheunen das Korn droschen: Rumpum-pum, rumpum-pum.

Auf den Hügeln hinter dem Dorf wimmelte es von Kindern, die Schlitten fuhren. Auch Skifahrer waren darunter. Die kleine Hexe sah ihnen zu, wie sie um die Wette bergab sausten. Kurze Zeit später kam auf der Straße ein Schneepflug gefahren. Dem folgte sie eine

Weile nach; dann schloß sie sich einem Schwarm Krähen an, der zur Stadt flog.

Ich will in die Stadt hineingehen, dachte sie, um mich ein wenig warm zu laufen. Inzwischen war es ihr nämlich trotz der sieben Röcke und zwei Paar Fäustlingen jämmerlich kalt geworden.

Den Besen brauchte sie diesmal nicht zu verstecken, sie schulterte ihn. Nun sah sie aus wie ein ganz gewöhnliches altes Mütterchen, das zum Schneeräumen ging. Niemand, der ihr begegnete, dachte sich etwas dabei. Die Leute hatten es alle eilig und stapften mit eingezogenen Köpfen an ihr vorüber.

Gar zu gern hätte die kleine Hexe wieder einmal einen Blick in die Schaufenster der Geschäfte geworfen. Aber die Scheiben waren ganz mit Eisblumen bedeckt. Der Stadtbrunnen war zugefroren, und von den Wirtshausschildern hingen lange Eiszapfen.

Auf dem Marktplatz stand eine schmale, grün gestrichene Holzbude. Davor stand ein eisernes Öfchen; und hinter dem Öfchen stand, mit dem Rücken zur Bude, ein kleines, verhutzeltes Männlein. Das trug einen weiten Kutschermantel und Filzschuhe. Den Kragen hatte es hochgeklappt, und die Mütze hatte es tief ins Gesicht gezogen. Von Zeit zu Zeit nieste das Männlein. Die Tropfen fielen dann stets auf die glühende Ofenplatte und zischten.

„Was machst du da?" fragte die kleine Hexe das Männlein.

„Siehst du das nicht? Ich brate Maroni."

„Maroni? Was ist das?"

„Kastanien sind es", erklärte das Männlein. Dann hob es den Deckel vom Öfchen und fragte sie: „Möchtest du welche? Zehn Pfennig die kleine Tüte und zwanzig die große. Ha-a-ptschi!"

Der kleinen Hexe stieg der Duft der gerösteten Kastanien in die Nase. „Ich möchte ganz gern einmal davon kosten, aber ich habe kein Geld mit."

„Dann will ich dir ausnahmsweise ein paar umsonst geben", sagte das Männlein. „Bei dieser Bärenkälte wirst du was Warmes vertragen können. Haptschi, daß es wahr ist!"

Das Männlein schneuzte sich in die Finger. Dann langte es eine Handvoll Kastanien aus dem Bratrohr und tat sie in eine Tüte von braunem Packpapier. Die gab es der kleinen Hexe und sagte:

„Da, nimm sie! Aber bevor du sie in den Mund steckst, mußt du sie abschälen."

„Danke schön", sagte die kleine Hexe und kostete. „Hm, die sind gut!" rief sie überrascht; und dann meinte sie: „Weißt du, dich könnte man fast beneiden! Du hast eine leichte Arbeit und brauchst nicht zu frieren, weil du am warmen Ofen stehst."

„Sage das nicht!" widersprach das Männlein. „Wenn man den ganzen Tag in der Kälte steht, friert man trotzdem. Da hilft auch das eiserne Öfchen nichts. Daran verbrennt man sich höchstens die Finger, wenn man die heißen Maroni herausholt. – Haptschi! – Aber sonst? Meine Füße sind ein Paar Eiszapfen, sage ich dir! Und die Nase erst! Ist sie nicht rot wie eine Christbaumkerze? Den Schnupfen werde ich nicht mehr los. Es ist zum Verzweifeln!"

Wie zur Bekräftigung nieste das Männlein schon wieder. Es nieste so herzzerreißend, daß die Holzbude wackelte und der Markt davon widerhallte.

57

Da dachte die kleine Hexe: Dem können wir abhelfen! Warte mal ... Und sie murmelte einen Zauberspruch, aber heimlich. Dann fragte sie: „Ist dir noch immer kalt an den Zehen?"

„Im Augenblick nicht mehr", sagte das Männlein. „Ich glaube, die Kälte hat etwas nachgelassen. Ich merke es an der Nasenspitze. Wie kommt das nur?"

„Frag mich nicht", sagte die kleine Hexe, „ich muß jetzt nach Hause reiten."

„Nach Hause – **reiten**?!"

„Habe ich reiten gesagt? Du wirst dich verhört haben."

„Muß wohl so sein", sprach das Männlein. – „Auf Wiedersehen!"

„Auf Wiedersehen", sagte die kleine Hexe. „Und danke schön!"

„Bitte sehr, bitte sehr, keine Ursache!"

Bald danach kamen zwei Buben über den Marktplatz gelaufen, die riefen: „Schnell, schnell, Herr Maronimann! Jedem von uns für ein Zehnerl!"

„Jawohl, bitte schön, zweimal für ein Zehnerl!"

Der Maronimann griff in das Bratrohr.

Aber zum erstenmal in seinem ganzen langen Maronimannleben verbrannte er sich an den heißen Kastanien nicht die Finger. Er verbrannte sie sich überhaupt nie mehr. Und es fror ihn auch nie mehr an den Zehen. Und auch an der Nase nicht. Der Schnupfen war für alle Zeiten wie weggeblasen. Und wenn er doch einmal wieder niesen wollte, so mußte der gute Maronimann eine Prise Schnupftabak nehmen.

Wilhelm Hey | *Alle Jahre wieder*

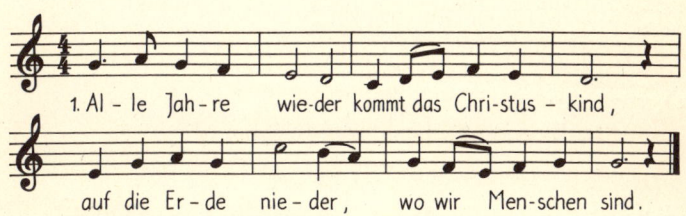

1. Al – le Jah – re wie – der kommt das Chri – stus – kind,

auf die Er – de nie – der, wo wir Men – schen sind.

2. Kehrt mit seinem Segen ein in jedes Haus,
geht auf allen Wegen mit uns ein und aus.

3. Steht auch mir zur Seite still und unerkannt,
daß es treu mich leite an der lieben Hand.

Melodie: Ernst Anschütz

59

Manfred Mai | **Warten auf Weihnachten**

Die Mutter zündet die Kerzen am Adventskranz an.
Dann setzt sie sich zu den anderen aufs Sofa.

„Wie lange dauert es denn noch bis Weihnachten?"
fragt Daniela ungeduldig.

„Nur noch ein paar Tage", antwortet der Vater.

„Wenn nur zwei Kerzen auf dem Adventskranz wären,
würde es nicht so lange dauern", sagt Daniela.

Die Mutter lacht. „So einfach ist das nicht, mein
Schatz."

„Was heißt eigentlich Advent?" fragt Melanie.

„Advent – das ist die Zeit des Wartens, der Vorbereitung auf die Ankunft Jesu. Zu Weihnachten feiern wir
seinen Geburtstag, und darauf bereiten wir uns vor."

„Aber warum denn so lange?"

„Damit wir auch wirklich bereit sind, ihn zu empfangen
und seine Botschaft aufzunehmen", erklärt die Mutter.

„Das verstehe ich nicht", sagt Melanie und schüttelt den
Kopf.

„Ich auch nicht."

„Ja, wißt ihr", versucht es die Mutter noch einmal.

„Wißt ihr", macht der Vater Mutters Satz weiter, „viele
Menschen vergessen im Laufe des Jahres vor lauter

Arbeit, was die Geburt Jesu eigentlich bedeutet. Und damit wir das alle wieder so richtig begreifen, ist einige Zeit nötig."

„Ich habe jetzt Lust, etwas zu singen", sagt Daniela.

Sie stimmen einige Weihnachtslieder an. Dann schauen sie den flackernden Kerzen noch eine Weile zu .

„Seht ihr", sagt der Vater in die Stille hinein, „das gehört alles zu der Vorbereitung, von der Mama gesprochen hat: miteinander sitzen und spüren, daß man nicht allein ist."

Marieluise Bernhard-von Luttitz

Bumfidel
möchte sich freuen

Bumfidel möchte zum Weihnachtsmarkt. Mindestens zum dreizehntenmal. Die Mutter begreift das nicht. „Was willst du denn da nur immer noch?"

„Mich freuen", sagt Bumfidel. „Einfach mich freuen."

Die Mutter mahnt: „Gib nichts für Kinkerlitzchen aus."

Eine Frau bietet heiße Maronen an. Sie sagt zu Bumfidel: „Möchtest du welche?"

„Ich glaube nicht", meint Bumfidel. „Ich gucke Ihnen nur ein bißchen zu."

Gute Geschäfte macht die Frau nicht. Die Leute sind satt. Oder sie ziehen Chips und Bratwürste vor. Am Wurststand drängen sie sich. Die Frau erzählt, daß ihre kleine Tochter krank ist. Recht krank sogar. Auf einmal hat sie die Masern bekommen. Ausgerechnet zu Weihnachten! Jetzt liegt sie allein zu Hause im Bett.

Bumfidel fragt, ob er mal nach ihr sehen soll.

„Nein. Sie kennt dich nicht, und du steckst dich nur an."

„Oder", schlägt Bumfidel vor, „Sie gehen hin, und ich passe auf Ihre Kastanien auf."

Die Frau überlegt. „Wirklich?" Dann läuft sie los. „Ich bin gleich zurück."

Als sie wiederkommt, hat Bumfidel 33 Tüten verkauft. Die Frau freut sich. Bumfidel auch. In der Kasse klim-

'pert das Geld. Bumfidel läßt sich eine Tüte schenken –
als Lohn. Die drei Mark aber, die er auch noch bekommen soll, die legt er plötzlich ganz schnell wieder hin.
Bumfidel sagt der Frau was ins Ohr, die ihm das Geld
doch zustecken will: „Vielleicht bin ich das Christkind?
Das könnte doch sein."
Und dann rennt er weg.

Fritz und Emily Koegel | Der **Brat**apfel

Kinder, kommt und ratet,
Was im Ofen bratet!
Hört, wie's knallt und zischt!
Bald wird er aufgetischt,
Der Zipfel, der Zapfel,
Der Kipfel, der Kapfel,
Der gelbrote Apfel.

Kinder, lauft schneller;
Holt einen Teller,
Holt eine Gabel!
Sperrt auf den Schnabel
Für den Zipfel, den Zapfel,
Den Kipfel, den Kapfel,
Den goldbraunen Apfel.

Sie pusten und prusten,
Sie gucken und schlucken,
Sie schnalzen und schmecken,
Sie lecken und schlecken
Den Zipfel, den Zapfel,
Den Kipfel, den Kapfel,
Den knusprigen Apfel.

Barbara Bartos-Höppner | **Schnüpperle** backt
Pfefferkuchen

In der Adventszeit muß Pfefferkuchen im Haus sein,
sagt Mutter immer, deshalb backt sie heute. Noch nicht
alles, nur so zum Kosten und Knabbern.

„Pfefferkuchen schmeckt vor Weihnachten ohnehin am
besten", behauptet Vater.

Mutter lacht. „Und wer langt an den Feiertagen am
meisten zu?" fragt sie.

„Schnüpperle", sagt Vater.

„Gar nicht wahr, du futterst am meisten. Und immer
sagst du: Das ist der letzte, sonst werd ich zu dick."

„Sag ich das?"

„Ja, und dann nimmst du doch wieder einen."

„Den allerletzten", sagt Vater.

„Und dann den allerallerletzten!" sagt Schnüpperle.

„Bis dir der Bauch weh tut."

Als Vater gegangen ist, holt Mutter die Schüssel mit
dem braunen Pfefferkuchenteig aus dem Keller. Sie
schneidet einen dicken Klumpen heraus, und Schnüpperle bekommt ein Stück davon ab. Er kann damit
backen, was er will.

66 „Ich mach einen Hund", sagt Schnüpperle.

Mutter rollt ihm den Teig platt, dann nimmt sie sich
ihren Klumpen vor. Sie sticht schöne Herzen mit der

Form heraus und Sterne und Halbmonde. Schnüpperle müht sich derweil mit dem Teigschaber ab.

„Ich glaube, ein Hund ist zu schwer", sagt Schnüpperle. „Ich krieg den Kopf nicht richtig hin, und die Beine sind viel zu lang, wie 'n Pferd!"

„Hals hat er auch keinen", sagt Mutter.

„Was könnte ich denn sonst machen?"

„Ich wüßte was Einfaches, aber ob es dir gefällt ..."

„Was denn?"

„Einen Schneemann."

„Einen Schneemann? Aber braunen Schnee gibt's doch gar nicht", sagt Schnüpperle.

„Wir können deinen Schneemann aber mit weißem Zuckerguß bestreichen."

„O ja! Und die Augen?"

„Haselnüsse."

„O ja! Und die Knöpfe auf dem Bauch?"

„Mandeln."

„O ja! Und die Nase?"

„Ein Stückchen Zitronat."

„O ja!" Schnüpperle knautscht den Teig zusammen, und Mutter rollt ihn wieder aus. Dann hilft Mutter mit. Schnüpperle sticht eigentlich nur den Bauch aus. Brust, Kopf und Arme formt Mutter. Aber die Arme sind auch besonders schwer anzukneten, weil der Schneemann sie in die Seiten stemmt.

Ganz vorsichtig legt Mutter den Teigmann aufs Backblech und schiebt es in den Ofen. Nach fünf Minuten sieht sie nach, wie weit der Schneemann ist. Schnüpperle darf auch gucken.

„Ooch, ist der aber dick geworden! Der bläst sich ja auf wie 'n Luftegong."

„Luftballon heißt es."

„Weiß ja, aber ich hab doch immer so gesagt, als ich noch klein war."

Mutter rührt schnell Puderzucker mit Wasser an. Jetzt ist der Schneemann auch fertig gebacken. Mit dem Messer nimmt sie ihn vom Blech ab. Schnüpperle wartet schon mit dem Pinsel. Er taucht ihn in den Zuckerbrei und bestreicht den braunen Mann. Mutter setzt zwei Haselnußaugen ins Gesicht und eine spitze grüne Zitronatnase. Schnüpperle drückt die Mandelknöpfe auf den dicken Bauch.

„Ooch, sieht der hübsch aus!" sagt Schnüpperle.

„Bloß gut, daß ich keinen Hund gemacht habe, den hätte ich nicht so gut gekonnt."

„Jetzt muß er trocknen", sagt Mutter. Sie legt den Schneemann beiseite, damit sie weiter Herzen und Sterne ausstechen kann.

Alle Augenblicke fragt Schnüpperle: „Ist er jetzt trocken?"

„Nein, noch nicht."

„Jetzt?"

„Nein. Warum hast du's denn so eilig?"

„Weil ich mich freue, daß er mir so gut geraten ist. Wo stell ich ihn bloß hin, damit ihn viele sehen können? Ans Fenster?"

„Am Fenster ist es zu feucht, da wird er weich und fällt zusammen. Aber ich wüßte was", sagt Mutter.

„Wohin denn?"

„Wir hängen ihn zwischen die grünen Zweige ans Treppengeländer, da sieht ihn auch jeder, der zu uns kommt."

„O ja! Aber wie hängen wir ihn denn auf? Kloppen wir einen Nagel durch?"

Mutter überlegt. „Ich weiß", sagt sie. „Wir binden ihm eine Schleife um den Bauch und hängen ihn hinten daran auf."

„Ja?" fragt Schnüpperle. „Ja? Aber einen Schneemann mit Schleife um den Bauch habe ich überhaupt noch nicht gesehen."

„Unserer ist ja auch ein ganz besonderer. Er schmilzt nicht, er riecht gut und schmeckt süß. Da kann er ruhig eine Schleife haben."

„O ja!" sagt Schnüpperle. „Er ist ein richtiger Pfeffer-kuchen-Weihnachtsschneemann."

Gina Ruck-Pauquèt | **Paradies**-Schnee

In den Straßen, wo die vielen Autos fahren, ist der Schnee schmutzig, und auf den Gehsteigen sieht er auch nicht besser aus. Aber im Stadtgarten, da liegt er frisch und weiß auf den Wiesen. Unberührt bis auf eine krakelige Vogelspur hie und da.

„Die Bäume halten sich ganz still, damit der Schnee nicht runterfällt", sagt Susi, „nicht wahr?"

Eckhard nickt.

„Sag, woher kommt der Schnee?"

„Aus den Wolken", erklärt Eckhard, „die haben die ganzen Bäuche voll davon."

„Und warum ist er immer nur weiß und nie rot?" will Susi jetzt wissen.

„Weil er sonst Flecken machen würde."

„Kann man Schnee essen?" fragt Susi.

„Ja", sagt Eckhard, „aber man kriegt Bauchschmerzen."

„Ein bißchen?"

„Nein", sagt Eckhard, und er nimmt seine kleine Schwester fest an der Hand. „Paß auf, wie viele Wörter es mit Schnee gibt", lenkt er sie ab: „Schneeball, Schneewetter, Schneemann …"

„Schneefrau!" schreit Susi.

„Schneesturm", fährt Eckhard fort, „Schneeschaufel … Schneekönigin …"

„Schneenasi", sagt Susi.

„Nein", sagt Eckhard.

„Doch", sagt Susi, „weil mir nämlich Schnee auf die Nase gefallen ist!"

„Na gut", meint Eckhard. „Schneeräumer ... Schneeschuhe ..."

„Schneestrümpfe!" brüllt Susi und hüpft auf einem Bein, „Schneehütte, Schneevögel!"

„Komm, wir machen eine Schneeballschlacht!" ruft Eckhard. „Los!"

Da bewerfen sie sich mit Schneebällen. Die Susi schmeißt, so fest sie kann. Der Eckhard darf das aber nicht, weil seine kleine Schwester dann losheult.

„Pah", macht Susi endlich, „ich krieg keine Luft mehr!"

Jetzt schneit es mehr und mehr. Dichte Flocken segeln herab.

„War voriges Jahr auch Winter?" fragt Susi.

„Klar", antwortet Eckhard. „Erinnerst du dich nicht mehr?"

„Und vorvoriges Jahr?"

„Da auch."

„Und vorvorvoriges Jahr?" Susi ist eine Nervensäge.

„Jedes Jahr ist Winter", erklärt Eckhard.

„Ganz früher auch?"

72   „Ja", sagt Eckhard.

„Woher weißt du das?"

Eckhard denkt nach.

„Von der Mama."

„Und woher weiß es die Mama?"

„Von der Großmama. – Siehst du den Vogel da?" versucht er sie abzulenken.

„Ja", sagt Susi. „Und von wem weiß die Großmama es?"

„Von ihrer Mutter", sagt Eckhard. „Der Urgroßmama."

„Und die?" bohrt Susi weiter.

„Von der Ururgroßmama. Der hat es die Urururgroßmama erzählt, und die erfuhr es von der Ururururgroßmama."

„Und die von der Urururururur ..." Jetzt macht es Susi erst recht Spaß!

„Ja", sagt Eckhard, „und immer so weiter zurück."

„Bis wohin?" fragt Susi.

Eckhard stöhnt.

„Wo sind denn deine Handschuhe?" fragt er.

„Weiß ich nicht", sagt Susi. „Bis wohin?"

„Bis zu Adam und Eva im Paradies!"

„Im Paradies ist immer Sommer!" sagt Susi.

„Wieso?" fragt Eckhard.

„Weil da immer Sommer ist! Auf allen Paradiesbildern ist Sommer!"

Susi hat recht. Die Wiesen sind immer grün, und die Blumen blühen.

„Im Paradies ist auch Winter gewesen!"

„Warum?" fragt Susi.

„Weil das Paradies ein wunderschöner Ort war", sagt Eckhard, „und weil der Winter auch wunderschön ist. Und weil er zu einem wunderschönen Ort dazugehört." Susi guckt zu ihm hoch.

„Ja", sagt sie. „Und die Tiere?" fragt sie. „Und die Leute?"

„Die Leute waren Adam und Eva", sagt Eckhard.

Da fällt ihm ein, daß die ja keine Kleider hatten.

„Im Paradies war der Schnee nicht kalt", sagt er.

„Echt?" fragt sie. „Woher weißt du das?" fragt sie.

„Von niemandem auf der ganzen, weiten Welt", sagt Eckhard. „Von mir ganz allein."

„Da mußten sie nicht frieren", sagt Susi.

„Aber ich friere", fügt sie hinzu. „Trag mich ein bißchen!"

Ob es wirklich Winter gab im Paradies? denkt Eckhard, während er seine kleine Schwester huckepack nach Hause trägt. Ganz bestimmt, denkt er, und ich bin der erste, dem es eingefallen ist.

Rolf Krenzer | Muttis Weihnachtsplätzchen

Am Dienstag morgen ist Vati zur Arbeit gefahren. Heiko ist in der Schule und Mia im Kindergarten. Jetzt hat Mutti den ganzen Morgen Zeit, um Plätzchen für Weihnachten zu backen. Zuerst Spritzgebäck, danach Heidesand, dann noch Butterplätzchen und Vanilleplätzchen. Und zum Schluß noch die Salzstangen, die Vati ganz besonders liebt. Mutti kommt richtig ins Schwitzen, soviel Arbeit macht das.

Aber als Mia nach Hause kommt, ist sie fertig. Alle Plätzchen sind gut versteckt in der großen Blechdose auf dem Küchenschrank.

„Hier riecht es aber gut!" sagt Mia.

„So?" meint Mutti.

„Nach Plätzchen!" ruft Mia und schnüffelt überall herum. „Mutti, hast du Plätzchen gebacken?"

Zuerst schüttelt Mutti den Kopf, aber dann muß sie lachen. Sie geht zum Schrank und holt für Mia Plätzchen aus der Dose. Von jeder Sorte ein paar.

„Aber mehr gibt es nicht!" sagt sie. „Sie sind für Weihnachten! Und ich will sonst keine mehr backen!"

„Oh, Weihnachtsplätzchen!" ruft Heiko, als er heimkommt und sieht, was Mia da knabbert.

75

So geht Mutti zum Schrank und holt für Heiko eine Handvoll Plätzchen aus der Dose. Von jeder Sorte ein paar. „Aber mehr gibt es nicht!" sagt sie. „Sie sind für Weihnachten! Und ich will sonst keine mehr backen!"

„Hast du etwa Weihnachtsplätzchen gebacken?" fragt Vati, als er nach Hause kommt. Er gibt Mutti einen dicken Kuß.

Da geht Mutti zum Schrank und holt auch für Vati eine Handvoll Plätzchen aus der Dose. Von jeder Sorte ein paar. „Aber mehr gibt es nicht!" sagt sie. „Sie sind für Weihnachten! Und ich will sonst keine mehr backen!"

Nach dem Mittagessen kommt Bärbel, Mias allerbeste Freundin. „Wir haben schon Weihnachtsplätzchen gebacken!" sagt Mia stolz.

Da geht Mutti zum Schrank und holt auch für Bärbel eine Handvoll Plätzchen aus der Dose. Von jeder Sorte ein paar. Mia bekommt auch noch Plätzchen. Und Heiko natürlich auch, weil er so neidisch guckt.

„Willst du etwa auch noch Plätzchen?" fragt Mutti Vati. Vati nickt und steckt sich zwei Plätzchen in den Mund, bevor er wieder zur Arbeit fahren muß.

Später kommen Christian und Frederik, um Heiko zum Fußballspielen abzuholen.

„Bei euch riecht es schon nach Weihnachten!" meinen die beiden.

Da geht Mutti zum Schrank und holt auch für Christian und Frederik eine Handvoll Plätzchen aus der Dose. Von jeder Sorte ein paar. Heiko bekommt auch noch ein Plätzchen. Und weil Mia und Bärbel sie so hungrig ansehen, bekommen sie auch noch ein paar.

Dann kommt Frau Hopf, die Nachbarin. „Hm, Sie haben schon Weihnachtsplätzchen gebacken!" sagt sie. „Es hat heute morgen bis zu uns hinüber geduftet!"

Da geht Mutti zum Schrank und holt für Frau Hopf Plätzchen aus der Dose. Von jeder Sorte ein paar.

„Ihr wolltet doch raus zum Fußballspielen!" sagt sie zu den drei Jungen, die nur darauf warten, daß sie noch Plätzchen bekommen. Und dann gibt sie Mia und Bärbel auch noch eine Handvoll.

„Ich nehme das Plätzchen für meinen Mann mit!" sagt Frau Hopf und zeigt Mutti das einzige Plätzchen, das sie noch übriggelassen hat.

„Warten Sie!" sagt Mutti. Sie geht zum Schrank und holt auch für Herrn Hopf Plätzchen aus der großen Dose. Von jeder Sorte ein paar. Sie legt sie in eine kleine Glasschüssel. „Das wäre doch nicht nötig gewesen!" sagt Frau Hopf, als sie geht.

Als Bärbel heimgeht, fragt sie nach den salzigen Plätzchen. „Du meinst die Salzstangen?" fragt Mutti.

„Ja, die soll meine Mutter auch mal backen!"

Da geht Mutti zum Schrank und holt für Bärbels Mutter Plätzchen aus der großen Dose. Von jeder Sorte ein paar. Sie packt sie in eine kleine Tüte. Und Mia kriegt auch noch Plätzchen.

Am Abend steckt Mutti die Kerzen am Adventskranz an.

„Jetzt würden ein paar Plätzchen gut schmecken!" meint Vati, und Mia und Heiko nicken.

„Sie müssen bis Weihnachten reichen!" sagt Mutti und schüttelt den Kopf.

„Nur ein paar noch!" betteln die Kinder.

„Nur noch ein paar Salzstangen!" sagt Vati leise.

Da geht Mutti zum Schrank und holt die Dose herunter. Sie schüttet alle Plätzchen auf den Tisch. Jeder kriegt noch eine Handvoll. Dann sind sie alle.

Mutti seufzt und blickt alle drei kopfschüttelnd an, Mia, Heiko, und Vati.

„Sie schmecken wunderbar!" rufen alle drei. „Die mußt du für Weihnachten noch einmal backen!"

„Besonders die Salzstangen!" sagt Vati und gibt Mutti einen dicken Kuß.

Am Donnerstag morgen ist Vati zur Arbeit gefahren. Heiko ist in der Schule und Mia im Kindergarten. Noch einmal nimmt Mutti sich den ganzen Morgen Zeit, um Plätzchen für Weihnachten zu backen. Zuerst Spritzgebäck, danach Heidesand, dann noch Butterplätzchen und Vanilleplätzchen. Und zum Schluß noch Salzstangen, die Vati ganz besonders liebt. Mutti kommt richtig ins Schwitzen, soviel Arbeit macht das.

78

Aber als Mia nach Hause kommt, ist sie fertig. Alle Plätzchen sind gut versteckt in der großen Blechdose.

Und die steht im Keller auf dem Regal neben dem Ein-
geweckten.

„Hier riecht es aber gut!" sagt Mia. „Und es ist kalt!
Warum steht das Fenster auf?"

„Heute gibt es Sauerkraut!" sagt Mutti und schließt das
Fenster. „Das riecht so stark beim Kochen!" Sie hebt
den Deckel von dem großen Topf.

„Du kannst mir schon helfen, den Tisch zu decken!"
sagt sie und drückt Mia vier Teller in die Hand.

„Wann bäckst du wieder Plätzchen?" fragt Mia.

„Vorläufig nicht!" antwortet Mutti und lacht sie fröh-
lich an.

„Jo, bitte, bitte, bitte, kommst du mit?" bettelt Mia.

„Wohin?" fragt Jo.

„Zum Christkindlmarkt. Keiner hat heute Zeit, und ich möchte sooo gern hin."

„Ich wollte sowieso in die Stadt, um ein Weihnachtsgeschenk zu besorgen", sagt Jo zu seiner kleinen Schwester. „Am besten gehen wir gleich."

„Jippie!" ruft Mia, und sie kann es kaum erwarten, bis Jo endlich fertig ist.

Auf dem Hauptmarkt in Nürnberg ist der berühmte Christkindlmarkt mit seinen vielen Buden aufgebaut, wie jedes Jahr. Als die beiden von der U-Bahn-Haltestelle an der Lorenzkirche zum Markt hinunterlaufen, duftet es nach gebrannten Mandeln.

„Man kann sich richtig hinriechen. Auch wenn man den Weg nicht weiß", sagt Mia und schnuppert mit ihrer kleinen Stupsnase.

„Trotzdem: gib mir die Hand", sagt Jo zu Mia, „sonst verliere ich dich noch im Gedränge."

„Mich doch nicht", sagt Mia, „ich paß schon auf! Ich bin doch fast fünf!"

80 An einem Haus neben der Frauenkirche bleiben Mia und Jo eine Weile stehen. Ein Bäcker zeigt im Schaufenster, wie man Lebkuchen macht.

Dann gehen sie weiter. Auf dem Markt selbst sind viele Buden mit Baumschmuck und Spielsachen. Aber es gibt auch handgestrickte Pullover und Mützen.

„Wir kaufen heiße Maroni", schlägt Jo vor. „Da kann man sich so schön die Hände dran wärmen."

„Ein richtiger Handofen", sagt Mia, als sie je eine Marone in ihre Wollhandschuhe steckt. Und dann bleibt Mia vor einer kleinen Stoffpuppe stehen. „Ist die schön!" sagt sie und möchte am liebsten nicht weitergehen.

„Wir brauchen noch ein Geschenk für Mama!" sagt Jo und drängt zum Weitergehen. Sie suchen und wägen ab. Schließlich entscheiden sie sich für eine Spieluhr aus Holz. Sie ist nicht viel größer als eine Streichholzschachtel. Wenn man an einer kleinen Kurbel dreht, spielt sie ein Weihnachtslied.

Auf einmal erklingt Musik. Eine Musikkapelle mit Posaunen hat sich auf der Holzbühne vor der Frauenkirche aufgestellt. Sie spielen Weihnachtslieder. Die meisten erkennt Mia an der Melodie. Aber es gibt noch mehr zu sehen. Eine Postkutsche hält gleich daneben. Große Leute und ein paar Kinder steigen aus. Neue Leute steigen ein. Die Pferde schnauben ungeduldig. Der warme Atem steigt in kleinen Dampfwolken aus ihren Nüstern.

„Richtige Dampfrösser", sagt Jo.

„Da möcht ich gern mitfahren!" sagt Mia.

„Viel zu teuer", brummt Jo.

„Dann will ich jetzt die große Krippe sehen!" bettelt Mia und zieht Jo zu dem runden, offenen Haus mit dem Strohdach, das hinter einem Zaun in der Mitte des Marktes steht. Es ist gar nicht so leicht hinzukommen, weil sich die Menschen in dicken Trauben durch die engen Budenstraßen zwängen. Aber endlich haben sie es geschafft.

Mia hält sich am Zaun fest und schaut. Da sind die Hirten, die Schafe, der Ochs und der Esel. Und in der Mitte Maria und Josef und das Christkind in der Krippe.

„Schön", sagt Mia. „Schau mal, die Laterne von Josef brennt wirklich." Dann geht sie ein Stück um das Krippenhaus herum.

„Da hinten kommen die drei Könige mit ihren Kamelen und den Geschenken!" ruft Mia. „Das Christkind wird sich freuen."

„Es ist noch zu klein zum Freuen", meint Jo.

„Aber Maria und Josef freuen sich."

„Bestimmt", nickt Jo. Er überlegt dauernd, wie er für einen Augenblick verschwinden und das Weihnachtsgeschenk für Mia besorgen kann, ohne daß sie es merkt.

„Weißt du, daß du eigentlich auch Maria heißt? Mia ist die Abkürzung von Maria", sagt Jo.

82   „Und Jo die Abkürzung von Josef!"

„Neee", sagt Jo lachend, „das ist die Abkürzung von Johannes."

„Schade", sagt Mia. „Ich hätte es schön gefunden, wenn wir Maria und Josef heißen würden."

„Ich glaube, das Kamel hat sich ein bißchen bewegt", sagt Jo. „Es geht nämlich jeden Tag ein bißchen mehr auf die Krippe zu. Bis es ganz da ist."

„Wirklich?" staunt Mia. Sie glaubt dem großen Bruder jedes Wort.

„Bestimmt", schwindelt Jo. „Möchtest du ein bißchen gucken?"

„Au ja", sagt Mia.

„Dann seh ich mich noch ein bißchen alleine um. In zehn Minuten bin ich wieder da."

„Fein", sagt Mia.

„Aber lauf nicht weg! Und gib gut auf das Kamel acht!" sagt Jo eindringlich.

Mia verspricht es. Aber Mia weiß noch nicht, wie lang zehn Minuten sind. Wenn man alleine ist, kommen einem drei Minuten schon sehr, sehr lang vor. Das Kamel hat sich noch kein bißchen bewegt, so genau sie auch hinsieht. Als fünf Minuten um sind, fängt Mia an zu weinen. Wenn Jo sie nun nicht wiederfindet hier in dem Gewühl? Ob er sie vergessen hat? Eine Frau wird auf Mia aufmerksam.

„Suchst du deine Eltern?"

84 Mia schüttelt den Kopf.

„Bist du ganz alleine hier?" Mia schüttelt wieder den Kopf.

„Wie heißt du denn?"

„Mia", sagt Mia, „fast wie Maria im Stall. Und ich warte auf Jo. Aber nicht den abgekürzten Josef. Nur den Jo, meinen Bruder. Er ist schon elf."

„Maria sucht Josef", sagt die Frau und lächelt.

„Bestimmt kommt er gleich wieder. Ich bleibe so lange bei dir."

Jetzt ist Mia froh. Die Frau erzählt, daß sie auch Kinder hat. Und daß sie auch schon mal verlorengegangen ist. Und daß es wichtig ist, daß man nicht wegläuft, sondern wartet, damit man gefunden werden kann. Endlich kommt Jo zurück.

„Du solltest deine kleine Schwester nicht so lange allein lassen!" sagt die Frau vorwurfsvoll.

„Ich war nur ein paar Minuten weg", beteuert Jo und schiebt rasch ein Päckchen unter seine Jacke.

„Ich hab gedacht, du hast mich vergessen!" Mia schluchzt noch einmal tief und greift erleichtert nach Jos Hand.

„Aber Mia! Ich vergeß dich doch nicht!" sagt Jo und legt seinen Arm um ihre Schulter.

„Was hast du da?" sagt Mia, als es in Jos Jacke raschelt.

„Das wird nicht verraten", sagt Jo. „Das ist eine Weihnachtsüberraschung!"

Da ist der Kummer fast vergessen.

Mia möchte unbedingt wissen, was in dem Päckchen ist. Aber Jo verrät kein Sterbenswörtchen.

Ursel Scheffler | **Vor**_{weihnachts}**trubel**

  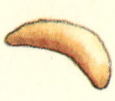 

Grüner Kranz mit roten Kerzen,
Lichterglanz in allen Herzen,
Weihnachtslieder, Plätzchenduft,
Zimt und Sterne in der Luft.
Garten trägt sein Winterkleid,
wer hat noch für Kinder Zeit?

Leute packen, basteln, laufen,
grübeln, suchen, rennen, kaufen,
kochen, backen, braten, waschen,
rätseln, wispern, flüstern, naschen,
schreiben Briefe, Wünsche, Karten,
was sie auch von dir erwarten.

Doch wozu denn hetzen, eilen,
schöner ist es zu verweilen
und vor allem dran zu denken,
sich ein Päckchen „Zeit" zu schenken.
Und bitte laßt noch etwas Raum
für das Christkind unterm Baum!

86

Rolf Krenzer | **Wievielmal noch schlafen?**

Wie-viel-mal noch schla-fen? frag' ich leis' und bang. Das
dau-ert noch so la, la, la, das dau-ert noch so lang, das
dau-ert noch so lang! 1. Wir öff-nen am Ka-len-der
noch ein Tür-chen. Dann sind wir schon wie-der nä-her an Weih-nach-ten dran!

Melodie: Detlev Jöcker

Refrain: Sechsmal nur noch schlafen?
frag' ich leis' und bang.
Das dauert noch so la, la, la,
das dauert noch so lang,
das dauert noch so lang!

2. Und brennen wieder Kerzen
am Adventskranz, dann
sind wir schon wieder näher
an Weihnachten dran!

Refrain: Fünfmal nur noch schlafen?
frag' ich leis' und bang.
Das dauert noch so la, la, la,
das dauert noch so lang,
das dauert noch so lang!

3. Wir packen noch ein Päckchen
für die Oma, dann
sind wir schon wieder näher
an Weihnachten dran!

Refrain: Viermal nur noch schlafen?
frag' ich leis' und bang.
Das dauert noch so la, la, la,
das dauert noch so lang,
das dauert noch so lang!

4. Zum Weihnachtsmarkt geht's heute.
Das wird schön! Und dann
sind wir schon wieder näher
an Weihnachten dran!

Refrain: Dreimal nur noch schlafen?
frag' ich leis' und bang.
Das dauert noch so la, la, la,
das dauert noch so lang,
das dauert noch so lang!

5. Wir singen alle Lieder,
die wir können, dann
sind wir schon wieder näher
an Weihnachten dran!

Refrain: Zweimal nur noch schlafen?
frag' ich leis' und bang.
Das dauert nicht mehr la, la, la,
das dauert nicht mehr lang,
das dauert nicht mehr lang!

6. Die allerletzten Plätzchen
dieses Jahr! Und dann
sind wir schon wieder näher
an Weihnachten dran!

Refrain: Einmal nur noch schlafen?
frag' ich leis' und bang.
Das dauert nicht mehr la, la, la,
das dauert nicht mehr lang,
das dauert nicht mehr lang!

7. Hell klingt das Weihnachtsglöckchen
durch das Haus, hurra!
Zu Ende ist das Warten,
und Weihnachten ist da.

Tilde Michels | **Wie** ich die **Überraschung** entdeckt habe

Ich wollte ja nur ein paar Stoffreste zum Spielen suchen. Ich hatte bestimmt keine Ahnung, daß im alten Schrank in der Kammer Weihnachtssachen lagen.

Meine Mutter war gerade einkaufen, und ich brauchte dringend ein paar bunte Flicken. In der Kammer bewahrt sie das Kramzeug auf. Deshalb hab ich dort gesucht, aber ich konnte die Flicken nicht gleich finden. Ganz oben im alten Schrank entdeckte ich eine lange Schachtel. Da sind sie vielleicht drin, dachte ich.

Der alte Schrank ist aber ziemlich hoch. An das obere Fach komme ich nur, wenn ich auf einen Stuhl steige. Ich hab einen Stuhl geholt und bin hochgestiegen.

Ich hab wirklich nur an die Flicken gedacht, und als ich den Deckel von der langen Schachtel aufhob, war es schon zu spät.

Ich bin furchtbar erschrocken, als ich die Kasperlpuppen sah. Ich wußte gleich, daß das eine ganz große Überraschung für mich sein sollte. Und jetzt hatte ich sie schon alle gesehn: den Kasperl und die Hexe und den Zauberer und die Großmutter und die Prinzessin und den Teufel und das Krokodil. So richtig schön waren die. Mit lustigen Köpfen und bunten Kleidern.

Ich hab den Deckel schnell wieder auf die Schachtel

gelegt und bin vom Stuhl gestiegen. Den ganzen Nachmittag konnte ich nichts Gescheites mehr machen, weil jetzt alles verdorben war.

Als mein Vater am Abend nach Haus kam, ging er mit meiner Mutter gleich in die Kammer. Da haben sie eine Weile gekramt und getuschelt. Ich hab gehört, wie mein Vater abwechselnd mit einer ganz hohen und einer ganz tiefen Stimme gesprochen hat, und dann haben alle beide gelacht.

Später hat mein Vater zu mir gesagt: „Übrigens, Nori, du darfst jetzt nicht mehr an den Schrank in der Kammer gehen."

Ich muß ein komisches Gesicht gemacht haben, denn mein Vater lachte und sagte: „Du brauchst nicht zu erschrecken, da sitzt kein Gespenst drin. Es ist nur wegen Weihnachten – du verstehst schon."

Ich nickte und rannte schnell weg.

Und dann hab ich mir immerzu überlegt, wie man das macht, daß man sich freut und so tut, als wäre es eine ganz große Überraschung.

Am Heiligen Abend hab ich gedacht, sie sehen es mir an, daß ich schon alles weiß, aber sie haben nichts gemerkt.

Mein Vater ist hinter das Kasperltheater gekrochen und hat uns vorgespielt. Bei der Prinzessin hat er mit einer ganz hohen Stimme gesprochen, und beim Teufel hat er tief und wütend geknurrt.

Das war so lustig, und da hat es mir nichts mehr ausgemacht, daß es keine ganz echte Überraschung gewesen ist.

Brüder Grimm | **Der goldene Schlüssel**

Zur Winterzeit, als einmal ein tiefer Schnee lag, mußte ein armer Junge hinausgehen und Holz auf einem Schlitten holen. Wie er es nun zusammengesucht und aufgeladen hatte, wollte er, weil er so erfroren war, noch nicht nach Hause gehen, sondern erst Feuer anmachen und sich ein bißchen wärmen. Da scharrte er den Schnee weg, und wie er so den Erdboden aufräumte, fand er einen kleinen goldenen Schlüssel. Nun glaubte er, wo der Schlüssel wäre, müßte auch das Schloß dazu sein, grub in der Erde und fand ein eisernes Kästchen. Wenn der Schlüssel nur paßt! dachte er, es sind gewiß kostbare Sachen in dem Kästchen. Er suchte, aber es war kein Schlüsselloch da; endlich entdeckte er eins, aber so klein, daß man es kaum sehen konnte. Er probierte, und der Schlüssel paßte glücklich. Da drehte er einmal herum, und nun müssen wir warten, bis er vollends aufgeschlossen und den Deckel aufgemacht hat, dann werden wir erfahren, was für wunderbare Sachen in dem Kästchen lagen.

Fredrik Vahle | **Advent, Advent**

Advent, Advent,
ein Lichtlein brennt.
Erst eins, dann zwei,
dann drei, dann vier,
dann steht das Christkind vor der Tür.

     Advent, Advent,
     ein Lämmlein rennt.
     Erst eins, dann zwei,
     dann drei, dann vier,
     dann läuft die ganze Herde,
     dann wackelt diese Erde.

     Der Schäfer und sein Schäferhund,
     die stehen da mit off'nem Mund.
     Der Schäfer staunt,
     der Hund, der bellt,
     zur Weihnacht
     unterm Sternenzelt.

Eva Marder | # Der kleine Straßenkehrer und das Engelshaar

In der Nacht war Schnee gefallen, und dann hatte es gefroren. Der kleine Straßenkehrer zog sich wärmer an als sonst: mit der roten Pudelmütze, dem langen blauen Wollschal und den dicken roten Handschuhen. Leider hatten die Motten Löcher hineingefressen; so schauten an beiden Händen der Daumen und der Zeigefinger heraus, und an der linken Hand auch noch der kleine Finger. Traurig betrachtete der kleine Straßenkehrer die nackten Finger, während er zur Winterstraße ging.

Heute brauchte er noch keine Schneeschaufel, aber wenn es weiter schneite, würde er mit dem Besen allein nicht mehr auskommen. Während er so die Straße kehrte, sah er auf einmal etwas im Schnee glitzern, etwas Silbernes. Zwar leuchtete der Schnee in den ersten Sonnenstrahlen selber wie Silber, aber das Etwas glitzerte noch viel heller.

Es war ein langer, silberner Faden, den der kleine Straßenkehrer aufhob. „Engelshaar", sagte er andächtig. Und er wickelte das schimmernde Haar um seinen linken Zeigefinger, der am meisten fror.

96 Das Engelshaar sah wunderhübsch aus – und es wärmte! Nicht nur der Zeigefinger wurde warm, sondern die ganze linke Hand.

„Guten Morgen, kleiner Straßenkehrer", rief Fräulein Wunderlich, vor deren Garten er das Engelshaar gefunden hatte. Sie war zu ihrem Vogelhäuschen unterwegs, um den Meisen und Spatzen Futter zu bringen. „Was hast du da Hübsches am Finger?"

„Engelshaar", sagte der kleine Straßenkehrer stolz. „Jetzt macht es mir überhaupt nichts mehr aus, daß meine Handschuhe Löcher haben."

Fräulein Wunderlich lächelte ihm freundlich zu. Dann ging sie ins Haus zurück, holte rote Wolle und fünf Stricknadeln aus der Schublade und fing an, dem kleinen Straßenkehrer neue Handschuhe zu stricken. Sicher hat das der Engel so gemeint, dachte sie, als er sein Haar gerade vor meinen Garten legte.

Inzwischen kehrte der kleine Straßenkehrer weiter die Winterstraße. Ab und zu blieb er stehen und betrachtete glücklich seinen linken Zeigefinger.

Da kam die alte Zeitungsfrau vorbei. Sie trug ihre Hände in die Schürze gewickelt, weil sie ihre Handschuhe verloren hatte.

„Frierst du?" fragte der kleine Straßenkehrer.

Die alte Zeitungsfrau nickte.

Der kleine Straßenkehrer zögerte einen Augenblick, dann löste er das Engelshaar von seinem linken Zeigefinger und gab es der Zeitungsfrau.

„Du mußt es um eine Hand wickeln", sagte er, „dann frierst du nicht mehr."

Und merkwürdig! Nicht nur die Hände der alten Zeitungsfrau wurden warm – auch die des kleinen Straßenkehrers blieben es, ja, sie wurden sogar wärmer, als sie gewesen waren.

Engelshaar hat eben wunderbare Kraft, vor allem in der Vorweihnachtszeit!

Heute ist Anneroses letzter Schultag vor den Ferien, mit der großen Weihnachtsfeier.

„Mutter", ruft Schnüpperle. „Annerose hat ja den Apfel vergessen!"

„Das habe ich schon gesehen", sagt Mutter, „und frühstücken konnte sie in ihrer Aufregung auch nicht. Hoffentlich wird ihr vor Hunger nicht übel."

„Wird ihr schon nicht", sagt Schnüpperle. „Sie ist ja nicht an der frischen Luft, da hat sie nicht solchen Hunger. Und wenn doch, wird Katrin sie schon mal von ihrem Brot abbeißen lassen."

Mutter geht die Treppe hinauf. Sie will im Kinderzimmer aufräumen. Schnüpperle geht mit.

„Sieh mal, Mutter, sind das nicht Anneroses Schneeflockenstrümpfe?"

Mutter fährt herum. „Du meine Güte!" ruft sie. „Jetzt hat Annerose die weißen Strümpfe liegenlassen. Aber ich hatte ihr doch alles eingepackt!"

„Annerose ist gestern abend noch mal aufgestanden", sagt Schnüpperle. „Sie hat nachgesehen, ob du auch wirklich alles eingepackt hast."

„So", sagt Mutter, „und nun haben wir die Bescherung. – Schnüpperle, ich muß in die Schule."

„Ich komm mit!" ruft Schnüpperle und ist noch vor

99

Mutter auf der Treppe. „Ich bleibe nicht allein zu Hause."

Im Nu sind Mutter und Schnüpperle in den Mänteln und laufen los. Mutter zählt: „Eins, zwei, drei, vier, fünf, sechs, sieben, acht, neun, zehn." So lange rennen sie. Dann zählt sie wieder bis zehn, so lange gehen sie; immer abwechselnd. Ganz außer Atem kommen sie bei der Schule an.

Fräulein Buschmann steht in der Vorhalle.

„Mir fällt ein Stein vom Herzen!" sagt sie, als Mutter und Schnüpperle zur Tür hereinkommen.

Mutter kann noch gar nichts sagen. Sie hält Fräulein Buschmann nur die weißen Strümpfe hin.

„Wollen Sie die Aufführung mit ansehen?" fragt Fräulein Buschmann.

„Wenn wir dürfen und Platz für uns ist", sagt Mutter.

„O ja, wir bleiben hier, nicht, Mutter?" sagt Schnüpperle gleich. „Da könnten wir doch Annerose sehen. Oh, das wird fein!"

Fräulein Buschmann nimmt Mutter und Schnüpperle mit in die Aula. Fast alle Plätze sind schon besetzt. Aber vorn in der zweiten Reihe ist noch einer frei. Mutter nimmt Schnüpperle auf den Schoß.

Neben ihnen sitzt ein Junge. Er sieht Schnüpperle immer von der Seite an.

„Brauchst uns gar nicht so böse anzugucken", sagt Schnüpperle, „wir dürfen hierbleiben."

„Wehe, du bist nicht ruhig, wenn's losgeht!" sagt der Junge.

„Wehe, du nicht!" sagt Schnüpperle.

Das Licht geht aus.

„Aaah!" schreien die Kinder.

„Pssst!" machen die Lehrer.

„Kommt jetzt gleich Annerose?" flüstert Schnüpperle.

„Nein", sagt Mutter.

Der Vorhang geht auseinander. Auf der Bühne steht ein Chor. Die Mädchen und Jungen in der vordersten Reihe halten brennende rote Kerzen in den Händen. **Vom Himmel hoch, da komm ich her** singt der Chor, und als zweites Lied **Macht hoch die Tür, die Tor macht weit!**, dann geht der Vorhang wieder zu.

„Es kommt aber noch viel mehr, nicht?" flüstert Schnüpperle. Mutter nickt.

Der Junge nebenan stößt Schnüpperle mit dem Ellenbogen. „Klatschen!" sagt er.

Schnüpperle klatscht drauflos.

„Ich kann viel lauter als du!" ruft Schnüpperle.

Oben auf der Bühne steht jetzt ein großer Junge. Er sagt das Gedicht: **Von drauß, vom Walde komm ich her.**

„Kann ich auch", flüstert Schnüpperle.

Bei der Stelle **Wo's eitel gute Kinder hat** bleibt der Junge auf der Bühne plötzlich stecken und wird rot. Die Kinder fangen an zu lachen.

Da ruft Schnüpperle: **„Hast denn das Säcklein auch bei dir?"**

Die Kinder drehen die Köpfe und sehen zu Schnüpperle hin. Jetzt weiß der Junge auf der Bühne weiter. „Kommt jetzt Annerose?" fragt Schnüpperle.

„Weiß ich nicht", sagt Mutter.

Aber nun sind erst die Flötenspieler an der Reihe. „Die fiepen aber schön", sagt Schnüpperle.

„Die spielen schön!" flüstert Mutter.

„Vater sagt aber fiepen, wenn Annerose Flöte spielt."

Mutter legt Schnüpperle die Hand auf den Mund. Wieder geht der Vorhang auf, und jetzt hüpfen endlich die Schneeflocken herein. Ihre weißen, duftigen Kleider wippen, die Fäden mit Glitzerwatte wirbeln, sie singen:

Schneeflöckchen, Weißröckchen,
jetzt kommst du geschneit,
du wohnst in der Wolke,
dein Weg ist gar weit.

Sie singen alle Strophen.

„Siehst du sie, Mutter, dort, dort ist Annerose!"

Mutter hält ihm gleich wieder den Mund zu.

„Schön! Schön!" sagt Schnüpperle. Es hört sich an wie „Dön! Dön!", weil Mutter ihre Hand noch nicht weggenommen hat.

Die Zuschauer klatschen so sehr, daß die Schneeflocken schnell noch einmal hereinschneien. Jede macht einen Knicks. Als Annerose dran ist, hält es Schnüpperle nicht mehr aus.

„Annerose, ich bin auch da!" ruft er. „Hier sitz ich!"
Da wird Annerose ganz rot und rennt von der Bühne.
Die Kinder um Schnüpperle herum fangen an zu lachen.

Schon wieder geht der Vorhang auf. Nun kommt das Krippenspiel. Schnüpperle bohrt mit dem Daumen ein Loch in seine Manteltasche, so sehr regt ihn die Herbergssuche in Bethlehem auf. Und als plötzlich der Engel vor den Hirten steht, erschrickt Schnüpperle und kann schon drei Finger in das Loch stecken. Das Kind in der Krippe sieht er nicht, so sehr er auch den Hals reckt. Dann fällt ihm ein, daß Ochs und Esel fehlen, und weil er nicht reden darf, bohrt er die Hand vollends durch die Manteltasche.

Alle klatschen, und auch Schnüpperle will klatschen.
„Mutter, zieh doch mal mit!" ruft Schnüpperle. „Mutter, hilf mir doch, die Tasche will nicht im Mantel bleiben!"
„Aber Schnüpperle, wie kommt denn dieses Riesenloch in deine Tasche?"
„Ich weiß nicht, Mutter, auf einmal war's drin, ganz von alleine!"

James Krüss | **Tannen**geflüster

Wenn die ersten Fröste knistern
In dem Wald bei Bayrisch-Moos,
Geht ein Wispern und ein Flüstern
In den Tannenbäumen los,
Ein Gekicher und Gesumm
    ringsherum.

Eine Tanne lernt Gedichte,
Eine Lärche hört ihr zu.
Eine dicke, alte Fichte
Sagt verdrießlich: Gebt doch Ruh!
Kerzenlicht und Weihnachtszeit
    sind noch weit!

Vierundzwanzig lange Tage
Wird gekräuselt und gestutzt
Und das Wäldchen ohne Frage
Wunderhübsch herausgeputzt.
Wer noch fragt: Wieso? Warum?
    Der ist dumm.

Was das Flüstern hier bedeutet,
Weiß man selbst im Spatzennest:
Jeder Tannenbaum bereitet
Sich nun vor aufs Weihnachtsfest.
Denn ein Tannenbaum zu sein:
    Das ist fein!

Beatrice Schenk de Regniers | **Pasteten im Schnee**

In einem kleinen alten Bauernhaus weit draußen auf dem Land leben eine kleine alte Frau und ein kleiner alter Mann ganz allein mit vielen Hühnern und Küken. Es schneit und schneit, und der Wind heult.

Da sagt die kleine alte Frau: „Es ist schrecklich einsam, immer nur mit dir und den Hühnerchen. Ich würde so gern Leute einladen, viele Leute, und ein Fest geben."

„Frau, sei doch gescheit", sagt der kleine alte Mann. „Selbst wenn wir Leute kennen würden, und selbst wenn sie durch Wind und Schnee herkämen, wir haben kein Krüstchen und kein Krümchen Kuchen im Haus."

Draußen schneit und schneit es, und der Wind heult. Drinnen macht die kleine alte Frau alle Lichter an, damit es im Haus nicht so einsam aussieht, und sie stellt das Radio an, damit es im Haus nicht so still ist.

Plötzlich bläst der Wind schärfer und schärfer. Er bläst die elektrischen Leitungen herunter, das Radio geht aus, alle Lichter gehen aus, und es wird dunkel in dem kleinen Haus.

Da zündet die kleine alte Frau Kerzen an und stellt sie auf den Tisch. Der Tisch sieht aus wie ein großer Geburtstagskuchen.

„Ich wünschte, es wäre ein Kuchen", sagt die kleine alte Frau. „Ich wünschte, der Tisch wäre ein großer Kuchen und wir hätten eine Gesellschaft."

„Hör auf, Frau", sagt der kleine alte Mann. „Von Wünschen wird man nicht satt, und von Wünschen hört der Wind nicht auf zu blasen und der Schnee nicht zu schneien."

Dann zieht er seine Gummistiefel an und seine Ohrenschützer und seine Fäustlinge.

„Wo gehst du hin bei diesem Schnee und Wind?" fragt die kleine alte Frau.

„Wir haben dreihundert Küken im Stall. Die hole ich jetzt ins Haus, damit sie's warm haben. Dreihundert Küken werden dir wohl Gesellschaft genug sein."

„Die Küken", sagt die kleine alte Frau. „Ja, hol die Küken. Aber Gesellschaft, nein, Gesellschaft ist das nicht."

Und der kleine alte Mann geht zur Hintertür hinaus in den Stall durch den Schnee und den Wind.

Horch! Da klopft es an der Vordertür – poch, poch! Die kleine alte Frau öffnet die Tür.

Da treibt ein Windstoß einen Wirbel von Schnee in die Stube, und draußen steht ein Mann, der sagt: „Mein Wagen ist im Schnee steckengeblieben. Ich hab eine Menge Leute drin. Dürfen wir hereinkommen zu Euch, gute Frau, und uns wärmen, bis der Schneepflug kommt und den Weg räumt?"

„Kommt nur, kommt!" sagt die kleine alte Frau. „Holt die Leute aus dem Wagen, und herzlich willkommen." Und sie schaufelt Schnee in einen Topf und setzt ihn auf den Herd, um Tee zu machen.

Der Mann geht zu seinem Wagen und kommt zurück mit seiner Frau, seiner Mutter und seinen drei Brüdern. Und seine Frau hält einen Säugling auf dem Arm.

Der kleine alte Mann bringt gerade einen Korb voll piepsender Küken herein. Er sagt: „Willkommen, willkommen, macht's euch bequem. Meine kleine alte Frau hat sich schon so nach Gesellschaft gesehnt."

Dann nimmt er eine Kiste und geht wieder zur Hintertür hinaus, um noch mehr Küken zu holen.

Da klopft es an der Haustür – poch, poch! Die kleine alte Frau läuft zur Tür, und da steht ein Mann im Schnee und im Wind mit seiner Frau und ihren Zwillingssöhnen und noch ein anderer Mann mit einem großen Jagdhund. Ihr Wagen ist auch im Schnee steckengeblieben, und sie müssen auf den Schneepflug warten.

„Kommt herein", sagt die kleine alte Frau, „und willkommen. Es ist genug heißer Tee da. Nur zu essen haben wir nichts; kein Krümchen Kuchen und kein Krüstchen Brot."

Als der kleine alte Mann zurückkommt mit der Kiste voll piepsender Küken, sind schon elf Erwachsene, ein Säugling, zwei kleine Buben und ein großer Jagdhund im Haus.

„Willkommen, willkommen", sagt der kleine alte Mann. „Meine kleine alte Frau hat sich so nach Gesellschaft gesehnt."

Und dann geht er noch einmal hinaus, um die übrigen Küken zu holen.

Da klopft schon wieder jemand an die Haustür. Der kleine alte Mann kommt mit einer Kiste voll piepsender Küken durch die Hintertür, und er zählt 27 Erwachsene, 5 Kinder, 2 Säuglinge, 3 Hunde und einen Papagei .

„Willkommen, willkommen", sagt der kleine alte Mann. „Meine kleine alte Frau freut sich, daß Gäste da sind."

Es klopft an die Haustür – poch, poch! Die kleine alte Frau läuft zur Tür, und der kleine alte Mann läuft hinterdrein. Da steht ein einziger Mann vor der Tür im Wind und im Schnee. Er sagt: „Es schneit und schneit, und der Wind pfeift, und mein Bus ist im Schnee steckengeblieben. Darf ich bei euch warten, bis der Schneepflug kommt?"

„Herein, herein", sagt die kleine alte Frau, „und willkommen!"

Der Autobusfahrer geht zu seinem Bus und kommt zurück mit 42 Erwachsenen, 7 Kindern, 3 Säuglingen, 2 Hunden, einem Kanarienvogel und einem kleinen zahmen Stinktier.

„Willkommen", sagt der kleine alte Mann. „Gut, daß ihr da seid. Meine kleine alte Frau hat sich schon so nach Gesellschaft gesehnt."

„Da – schon wieder!" Vor der Haustür steht der Mann mit dem Schneepflug. „Mein Schneepflug ist im Schnee steckengeblieben", sagt er.

Und dann kommt er ins Haus, um auf die anderen Schneepflüge zu warten.

Die ganze Nacht hindurch kommen Leute und klopfen an die Tür. Jetzt sind es zusammen 84 Erwachsene, 17 Kinder, 7 Säuglinge, 6 Hunde, eine Katze, ein Papagei, ein Kanarienvogel und ein kleines zahmes Stinktier.

Draußen schneit und schneit es, und der Wind heult.

„Es ist ein Jammer", sagt die kleine alte Frau. „Wirklich ein Jammer. So viele Leute und kein Fest. Wenn nur ein Krüstchen Brot oder ein Krümchen Kuchen im Haus wäre, oder ein bißchen Musik."

Da horch! Es klopft. Die kleine alte Frau läuft ganz schnell zur Tür. Da steht der Mann von der Bäckerei.

Sein Lieferwagen ist im Schnee steckengeblieben, gerade vor ihrer Tür.

„Nur herein", sagt die kleine alte Frau, „und willkommen."

Der Mann tritt in die Stube, schaut rundherum in all die vielen Gesichter, und dann sagt er: „Ihr seht ja alle mächtig hungrig aus."

Und die kleine alte Frau sagt: „Es ist kein Krüstchen und kein Krümchen zu essen im Haus, aber wenn Ihr trotzdem hereinkommen und Euch wärmen wollt, so seid Ihr willkommen."

Da sagt der Mann: „Wer hilft mir, meinen Lieferwagen ausladen?"

Und dann nimmt er ein paar Kinder mit und ein paar von den großen Männern. Das ist ein richtiger Festzug! Zuerst kommen die Tabletts mit den Brötchen. Rösche, knusprige Brötchen, braun und glänzend; zarte Milchbrötchen, weiß überpudert; Mohnbrötchen, Eierwecken, kleine Brötchen, wie Zöpfe geflochten. Dann kommt ein ganzer Zug mit Pasteten. Zitronenpasteten, Kirschpasteten, Apfelpasteten, Kokoskrempasteten, Schokoladenpasteten. Dann kommen die Napfkuchen mit rosa Zuckerguß, weißem Zuckerguß, dickem Schokoladenguß.

Die kleine alte Frau klatscht in die Hände. „Ein Fest", sagt sie, „das wird ein richtiges Fest."

Ein junger Mann macht Hüte aus Zeitungspapier, und

dann schmausen alle nach Herzenslust. Dann holt der Ziehharmonikaspieler seine Ziehharmonika und spielt so lustig, daß keiner stillsitzen kann. Alle stampfen mit den Füßen zur Musik. Sogar die Säuglinge drehen ihre kleinen Patschhände im Takt. Jetzt spielt der Musikant einen Walzer, und der kleine alte Mann faßt seine kleine alte Frau um die Taille und walzt mit ihr dahin, bis beide ganz atemlos sind (was gar nicht lange dauert), und alle klatschen in die Hände und fangen auch zu tanzen an. Der Ziehharmonikaspieler spielt und spielt. Es ist ein Fest, ein richtiges Fest mit Schmausen, Tanzen und Scherzen.

Das Fest dauert bis zum Mittag. Da hört es auf zu schneien und zu stürmen, und der Schneepflug kommt und räumt den Weg. Alle sagen Lebewohl zu der kleinen alten Frau und zu dem kleinen alten Mann, und sie sagen, daß es das schönste Fest ihres Lebens war. Die kleine alte Frau ist zufrieden und glücklich; sie ist müde und schläfrig. Sie legt ihren Kopf auf den Tisch und schläft fest ein ... und träumt das ganze Fest noch einmal.

Josef Guggenmos | **Goldnes Licht**

1. Goldnes Licht, goldnes Licht,
goldnes Licht auf grünen Zweigen.
Hand in Hand, Hand in Hand
schreiten wir den frohen Reigen.
Laßt uns gehn, laßt uns gehn,
Laßt uns gehn nach Bethlehem.

2. Zweites Licht, zweites Licht,
du auch sollst den Weg uns zeigen.
Hand in Hand …

3. Drittes Licht, drittes Licht,
hilf die Finsternis vertreiben.
Hand in Hand …

4. Viertes Licht, viertes Licht,
sollst als Stern den Stall uns zeigen.
Hand in Hand …

5. Licht an Licht, Licht an Licht
brennt am Ziele unsrer Reise.
Still und hell, still und hell
steht ein Gast in unserm Kreise.
Kind, wir stehn, Kind, wir stehn
froh vor dir in Bethlehem.

Sybil Gräfin Schönfeldt | Der **Bäcker**engel

Im Sommer hatte er viel freie Zeit. Tagelang schwebte er im Blauen und starrte nach unten. Ihm gefiel die Erde, die er nicht kannte, weil er ein Engel war.

An einem Wintertag paßte er nicht auf. Der Sturm fegte ihn von einer Wolke, und ehe er seine goldenen Flügel ausbreiten konnte, waren sie ihm abgerissen. Er stürzte durch Regen und Schneetreiben ab, in ein Tannendickicht, und dort blieb er betäubt liegen.

Als er erwachte, fror er in seinem Engelshemd. Er spürte kalte, harte Steine unter seinen Sohlen, splittriges Eis zerschnitt die zarte Haut, er setzte vorsichtig einen Fuß vor den anderen, mußte um sein Gleichgewicht kämpfen, stürzte immer wieder auf die grobe Erde, empfand zum erstenmal Schmerzen, konnte aber nicht weinen, weil er noch keine Tränen hatte.

Er schob sich aus dem Tannendickicht, und sein dünnes Hemd zerriß. Er schaute nach oben, aber die Schneeflocken wirbelten so dicht, daß er keinen Himmel sah. Er hob die Arme. Er stieß sich mit den Füßen ab, reckte sich in die Höhe, aber nichts geschah, kein leichtes, rauschendes Gefühl des Schwebens.

116   So ging er den Waldweg weiter, zwischen verschneiten Stoppelfeldern hindurch, bis er die Dächer eines Dorfes sah.

Er spürte die Wärme zwischen den Mauern und lief schneller über den weichen, glatten Schnee.

Hinter der ersten Scheune bauten Kinder einen Schneemann. Als sie den Engel in seinem zerfetzten Hemd sahen, starrten sie ihn zuerst schweigend an, dann lachten sie und verspotteten ihn. Er verstand aber nicht, was sie schrien. Sie warfen mit Schneebällen nach ihm, und er floh. Die Kinder rannten hinter ihm her und schrien noch lauter.

Er lief um die Scheune herum, wieder aus dem Dorf hinaus, doch vor dem letzten Haus strauchelte er, und die Kinder holten ihn ein und stießen ihn zu Boden.

Da ging die Tür auf, und eine Frau trat heraus, um nachzusehen, was das für ein Lärm wäre.

Als sie den Engel im Schnee sah, scheuchte sie die Kinder davon und hob den Engel auf.

Ihr war im Sommer ein Sohn gestorben, der nicht viel größer gewesen war, und sie gab dem Engel seine Kleider, zeigte ihm seine Kammer und sein Bett und kochte ihm Suppe.

Ihrem Mann gefiel das fremde Kind auch, und so blieb der Engel bei ihnen. Er lernte Wort für Wort ihre Sprache, und dann befreundete er sich auch mit den anderen Kindern. Er sagte jedoch nie, woher er gekommen war.

So verging der Winter, und der Engel sah den Schnee schmelzen, hörte den Regen auf die Schollen prasseln, ging hinter dem Mann aufs Feld und führte das Pferd beim Säen und beim Eggen. Er half der Frau im Garten Zwiebeln setzen, sah die Blumen aus der Erde wachsen, zupfte das Unkraut, und wenn mittags und zur Vesperzeit die Glocke läutete, wenn er sich sonntags zwischen den Mann und die Frau auf die Kirchenbank setzte, erfüllte ihn eine unbestimmte Erwartung.

Aber nichts geschah.

Er hörte die Sommergewitter grollen, sprang mit den anderen Kindern über das Johannisfeuer, schüttelte mit ihnen Pflaumen und pflückte im Wald Beeren und Haselnüsse.

Wenn er zu der Stelle im Tannendickicht kam, blieb er stehen und schaute empor. Er sah blauen Himmel, er sah Regenwolken, er sah einmal eine blasse Mondscheibe, und wenn er ein Mensch gewesen wäre, hätte er vor Sehnsucht geweint.

Dann wurden die Tage kürzer, morgens hing ein Dunst über den Wiesen, und der Mann und der Engel pflückten die letzten Birnen und Äpfel. Die dicksten legte die Frau in die Ofenröhre, und wenn sie das heiße, weiche, süße Fleisch gegessen hatten, zog die Frau den Engel auf den Schoß und erzählte mit leiser Stimme: Es war einmal …

Der Engel lauschte den Geschichten, aber er fragte niemals: Was ist ein Riese? Was ist ein Zwerg? Er saß gern auf dem Schoß der Frau, schaute gern in die rote Glut und hörte gern die leise, sanfte Stimme.

Als es kälter wurde, als alles Laub von den Bäumen gefallen war, begann er zu backen, wie er es zu dieser Jahreszeit gewohnt war. Die Frau erlaubte es ihm, weil sie ihm die Freude lassen wollte. Sie schaute seinen kleinen Händen zu, die vor Eile und Eifer silbern glänzten und sonderbar leicht mit dem Teig verfuhren. Sie half ihm, die ersten Lebkuchen auf ein Blech zu legen, und als sie gebacken waren, kostete sie ohne große Erwartung davon. Doch das Gebäck zerschmolz ihr im Munde, und es schmeckte besser als alles, was sie je in ihrem Leben gegessen hatte. So backte der Engel bald voller Vergnügen für die ganze Nachbarschaft und für alle seine Freunde.

In einer Winternacht pochte es an die Tür, und als die Frau öffnete, trat ein weißbärtiger Mann ein.

Er sagte, er habe den Weg verloren, und die Frau hielt ihn für einen Reisenden und bot ihm den Platz am Ofen an.

Der Engel jedoch, der durch den Spalt der Küchentür lugte, erkannte, wer es war: Knecht Ruprecht.

Der Knecht trank heißen Pfefferminztee und biß in ein Stück vom Engelsgebäck. Erstaunt blickte er auf und fragte: „Woher hast du den Kuchen?"

„Mein Junge hat ihn gemacht", erwiderte die Frau und zog den Engel in die Küche. Er blieb stumm vor dem Knecht stehen und wagte nicht aufzublicken.

Der Knecht schaute ihm ins Gesicht und sagte dann:

„Du bist der Bäckerengel, den ich suchen soll."

„Ja", antwortete der Engel, „nimmst du mich mit?"

Der Knecht nickte, doch da warf sich der Engel der Frau an den Hals und brach in Tränen aus. „Ich war so gern bei dir", schluchzte er. Sie verstand nicht, was geschehen war, und der Knecht berichtete, wen sie ein Jahr lang als einen Sohn beherbergt hatte.

Da küßte sie den Engel und sagte: „Freu dich, mein Kind, daß du heimkehren kannst. Ich bleibe ja nicht allein zurück, und wir behalten dich lieb und werden unser Lebtag an dich denken."

Er schaute den Mann an, und als er auch nickte, bedankte sich der Engel bei den beiden, ergriff Knecht Ruprechts Hand und trat mit ihm aus dem Hause.

Als sie ein paar Schritte gegangen waren, brach ein Licht wie ein Weg aus der Nacht, und sie betraten diese Straße und gingen zurück in den Himmel.

Heinrich Hannover | Der linke Stiefel des Weihnachtsmanns

Früher soll es ja mal einen Weihnachtsmann gegeben haben. Und viele Kinder glauben ja auch heute noch an den Weihnachtsmann. Und so ganz sicher bin ich mir da auch nicht. Vielleicht gibt es ja doch einen. Mir ist nämlich mal folgende Geschichte erzählt worden – ich weiß nicht, ob sie wahr ist:

Einmal soll zu Weihnachten der Weihnachtsmann nicht gekommen sein. Und da haben sich die Kinder gewundert, daß da, wo sonst der Weihnachtsbaum stand, gar nichts war. Da war kein Weihnachtsbaum, da waren keine Geschenke, nichts.

Und dann sagte der Vater: „Also, Kinder, wir müssen dem Weihnachtsmann mal entgegengehen. Vielleicht ist der irgendwo im Schnee steckengeblieben."

Ja, und dann haben sie sich auf den Weg gemacht. Der Vater und die Kinder sind in den Wald gegangen, immer tiefer in den Wald hinein, es hatte geschneit und war sehr kalt. Und plötzlich sieht eines von den Kindern da zwischen den beschneiten Bäumen etwas Rotes. Na ja, und wenn man im weihnachtlichen Wald etwas Rotes sieht, was kann das anderes sein als der Mantel des Weihnachtsmanns. Und richtig, da stand er und war tatsächlich festgefroren – ja, festgefroren, am Boden

festgefroren, und konnte sich nicht von der Stelle rühren.

Der Vater und die Kinder sind dann hingegangen und haben sich den Weihnachtsmann von nahem besehen. Der war da am Brabbeln und am Schimpfen, so etwas sei ihm noch gar nicht passiert, daß er plötzlich im Wald festfriert, und nun komme er zu spät, um den Kindern ihre Geschenke zu bringen. Na, der Vater und die Kinder haben probiert, den Weihnachtsmann loszueisen. Sie hatten Streichhölzer dabei, ach, das war ein mühsames Geschäft, die Stiefel wollten und wollten nicht losgehen. Endlich, mit dem letzten Streichholz, kriegten sie den einen Stiefel los.

Da sagte der Vater: „Komm, steig aus dem Stiefel raus, Weihnachtsmann, ich geb dir einen von meinen Socken, dann kannst du mit dem einen Bein auf Socken gehen."

Der Weihnachtsmann hat furchtbar geschimpft, denn welcher Weihnachtsmann läßt schon gern einen Stiefel im Wald stehen. Aber er stieg aus dem linken Stiefel raus und zog sich Vaters Socken an. Und dann humpelten sie los. Der Vater fror am rechten und der Weihnachtsmann am linken Fuß. Aber sie hielten Schritt mit den Kindern, die voran nach Hause stürmten.

Die Mutter, die zu Hause geblieben war, hat vielleicht gestaunt, als sie da mit dem Weihnachtsmann ankamen.

„Der Weihnachtsmann war im Wald festgefroren", riefen die Kinder, „und jetzt hat er Vaters Socken an."

124

„Ach, der arme Weihnachtsmann", sagte die Mutter, „wärmen Sie sich mal ein bißchen bei uns auf!"

„Keine Zeit", sagte der Weihnachtsmann, „ich bin sowieso schon zu spät dran."

„Aber auf ein Glas heißen Glühwein müssen Sie schon bei uns bleiben", sagte die Mutter und schob ihm den Sessel hin.

„Na gut", sagte der Weihnachtsmann und setzte sich.

„Und ich schenke Ihnen meine Stiefel", sagte der Vater und holte sie gleich aus dem Keller.

„Wo gibt's denn so was, daß der Weihnachtsmann zu Weihnachten Geschenke kriegt", sagte der Weihnachtsmann und lachte. Aber er nahm die Stiefel und zog sie sich gleich an. Sie paßten vorzüglich. Und die Kinder schenkten ihm ein paar Äpfel und Pfefferkuchen für unterwegs.

Als er seinen Glühwein ausgetrunken hatte, erhob sich der Weihnachtsmann und wünschte „Frohe Weihnachten!" Und im Rausgehen legte er seinen großen Sack so über die Schulter, daß das meiste herausfiel und auf dem Teppich liegenblieb. Lauter wunderschöne Spielsachen und Kinderbücher. „Das ist für euch", sagte er zu den Kindern, „weil ihr mir im Wald geholfen habt."

Da jubelten die Kinder. Aber eines fragte: „Hast du denn auch noch genug für die anderen Kinder?"

„Keine Sorge!" sagte der Weihnachtsmann. „Inzwischen ist bestimmt mein Schlitten nachgekommen."

Und richtig, als sie aus der Tür traten, stand da ein großer Schlitten, vor den zwei Hirsche gespannt waren, und auf dem Bock saß Knecht Ruprecht, der gerade ein bißchen eingenickt war.

„Das ist ja sagenhaft!" riefen die Kinder. „Wie hast du denn den Schlitten hierherbestellt?"

„Man muß auch als Weihnachtsmann mit der Zeit gehen", sagte er und zeigte sein Funkgerät vor.

„Und wo kommt der Knecht Ruprecht her?" fragten die Kinder.

„Den habe ich mir beim Nikolaus ausgeliehen, die beiden sind ja seit dem Nikolaustag arbeitslos", sagte der Weihnachtsmann.

Ja, und dann weckte der Weihnachtsmann den Knecht Ruprecht, der auch noch ein Glas Glühwein kriegte, rückte die Säcke auf dem Schlitten ein bißchen zurecht und setzte sich neben Knecht Ruprecht auf den Bock. Und dann zogen die Hirsche an, die Schellen an ihrem Geschirr läuteten, man hörte sie noch eine Zeitlang, allmählich leiser werdend, als der Schlitten schon in der Dunkelheit der Weihnachtsnacht verschwunden war.

Was, ihr glaubt die Geschichte nicht? Der sie mir erzählt hat, hat Stein und Bein geschworen, daß sie wahr ist. Wenn sie wahr ist, muß doch irgendwo im Wald noch der linke Stiefel des Weihnachtsmanns stehen. Wollt ihr nicht mal danach suchen? Wer ihn findet, darf sich was wünschen.

Quellenangaben

S. 11 Maria Ferschl / Heinrich Rohr „Wir sagen euch an den lieben Advent"
(Lied); aus: Weihnachtssingbuch. © 1954 Christophorus-Verlag, Freiburg.

S. 13 Rolf Krenzer „Tage, süß wie Marmelade". © beim Autor.

S. 16 Hanna Hanisch „Ein Schneemann für Isabell"; aus: Kopfkissen-
Geschichten, rotfuchs 283. © 1981 by Rowohlt Taschenbuch Verlag
GmbH, Reinbek.

S. 19 Rolf Krenzer „Barbarazweige". © beim Autor.

S. 22 Josef Guggenmos „Am 4. Dezember"; aus: Ich will dir was verraten.
Ein Kinderbuch mit Bildern von Axel Scheffler. © Beltz Verlag, Weinheim und Basel 1992. Programm Beltz & Gelberg, Weinheim.

S. 32 Rolf Krenzer „Warum der Nikolaus jedes Jahr zu uns kommt". © beim
Autor.

S. 36 Josef Guggenmos „Dich rufen wir, Sankt Nikolaus!". © beim Autor.

S. 37 Tilde Michels „Als die Großmutter mit dem Nikolaus sprach". © bei
der Autorin.

S. 43 Winfried Wolf „Der kleine Nikolaus". © beim Autor.

S. 48 Gina Ruck-Pauquèt „Der kleine Zauberer und die Schneeflocken".
© bei der Autorin.

S. 50 Fredrik Vahle „Das Gewicht der Schneeflocke"; aus: Weihnachtsgrüße.
© 1986 Gertraud Middelhauve Verlag GmbH & Co. KG, Köln.

S. 53 Otfried Preußler „Die kleine Hexe und der Maronimann"; aus: Die
kleine Hexe. © by K. Thienemanns Verlag, Stuttgart-Wien.

S. 60 Manfred Mai „Warten auf Weihnachten" (Warten und warten); aus:
Das neue Adventskalenderbuch. © beim Autor.

S. 62 Marieluise Bernhard-von Luttitz „Bumfidel möchte sich freuen"; aus:
Bumfidel lacht sich krank, rotfuchs 85. © 1975 by Rowohlt Taschenbuch Verlag GmbH, Reinbek.

S. 66 Barbara Bartos-Höppner „Schnüpperle backt Pfefferkuchen"; aus:
Schnüpperle. 24 Geschichten zur Weihnachtszeit. © 1969 C. Bertelsmann Verlag GmbH, München.

S. 71 Gina Ruck-Pauquèt „Paradies-Schnee". © bei der Autorin.

S. 75 Rolf Krenzer „Muttis Weihnachtsplätzchen"; aus: Der Advent ist die schönste Zeit. © 1991 Georg Bitter Verlag, Recklinghausen.

S. 80 Ursel Scheffler „Auf dem Christkindlmarkt"; aus: Adventskalendergeschichten. © Verlag Herder, Freiburg 1991.

S. 86 Ursel Scheffler „Vorweihnachtstrubel"; aus: Adventskalendergeschichten. © Verlag Herder, Freiburg 1991.

S. 87 Rolf Krenzer / Detlev Jöcker „Wievielmal noch schlafen?" (Lied); aus: Kleine Kerze leuchte. © Menschenkinder Verlag und Vertrieb GmbH, Münster.

S. 90 Tilde Michels „Wie ich die Überraschung entdeckt habe"; aus: Das alles ist Weihnachten. © 1984 Deutscher Taschenbuch Verlag, München.

S. 95 Fredrik Vahle „Advent, Advent"; aus: Weihnachtsgrüße. © Gertraud Middelhauve Verlag GmbH & Co. KG, Köln.

S. 96 Eva Marder „Der kleine Straßenkehrer und das Engelshaar"; aus: Der Stern im Brunnen. Herausgegeben von Berta Hofberger. © Ehrenwirth Verlag, München.

S. 99 Barbara Bartos-Höppner „Der 20. Dezember"; aus: Schnüpperle. 24 Geschichten zur Weihnachtszeit. © C. Bertelsmann Verlag GmbH, München.

S. 104 James Krüss „Tannengeflüster"; aus: Der wohltemperierte Leierkasten. © 1961 C. Bertelsmann Verlag GmbH, München.

S. 106 Beatrice Schenk de Regniers „Pasteten im Schnee"; aus: The Snow Party. © 1959 by Beatrice Schenk de Regniers.

S. 114 Josef Guggenmos „Goldnes Licht". © beim Autor.

S. 116 Sybil Gräfin Schönfeldt „Der Bäckerengel". © bei der Autorin.

S. 122 Heinrich Hannover „Der linke Stiefel des Weihnachtsmanns"; aus: Als der Clown die Grippe hatte, rotfuchs 669. © 1992 by Rowohlt Taschenbuch Verlag, Reinbek.